하나님의 사람의 특징

네비게이토 선교회는
국제적이며 복음적인 기독교 기관이다.
예수 그리스도께서는 자기를 따르는 자들에게
"너희는 가서 모든 족속으로 제자를 삼으라"
(마태복음 28:19)는 지상사명을 주셨다.
네비게이토 선교회는 세계 모든 국가에서
예수 그리스도의 일꾼들을 배가시켜
이 지상사명의 성취를 돕는 것을
근본 목표로 하고 있다.

네비게이토 출판사는
네비게이토 선교회의 문서 선교를 담당하고 있다.
본 출판사에서는 그리스도인의 영적 성장을 돕는
서적과 자료들을 출판하여,
그리스도인의 삶의 기초가 견고한
헌신된 제자로 성장하게 하고,
나아가 성숙한 인격과 지도력을 갖춘
일꾼이 되도록 돕고 있다.

Translated by permission
Title originally published in English as
Starting Over - Rediscovering the Heart of Discipleship
by Nav Media Singapore Pte. Ltd.
A Ministry of The Navigators Singapore
Copyright © 2013 All rights reserved
Korean Copyright © 2018
by Korea NavPress.

하나님의 사람의 특징

덕 스팍스

TO KNOW CHRIST AND TO MAKE HIM KNOWN

차 례

저자 소개 / 7

추천의 글 / 9

들어가는 말 / 17

제 1 장 하나님의 사람의 생활방식 / 27

제 2 장 하나님의 사람의 태도 / 63

제 3 장 하나님의 사람의 확신 / 93

제 4 장 하나님의 사람의 열망 / 121

제 5 장 하나님의 사람의 팀웍 / 155

저자 소개

저가 죽었으나 그 믿음으로써 오히려 말하느니라.
(히브리서 11:4)

덕 스팍스는 하나님의 사람이요 지도자요 개척자요 큰 비전을 품고 산 사람이었습니다. 진실로 많은 이의 존경을 받은 훌륭한 주님의 일꾼이었습니다. 고등학교를 졸업한 후 말 그대로 한번 즐겨 보려고 미국 해군에 입대하였는데, 거기서 예수 그리스도를 만나 자신을 드림으로 인생의 방향이 바뀌었습니다. 예수님께 대한 그의 헌신은 네비게이토 성경공부를 통해 계속 자라 갔습니다. 군 복무를 마치고 대학에 진학한 그는 계속 네비게이토와 함께하면서 캠퍼스 사역을 이끌었습니다.

1950년대 중반에, 덕 스팍스는 하나님의 부르심을 받고 타이완에 파송되어 선교사의 삶을 시작하였습니다. 1960년대와 1970년대 초반에는 유럽에서 선교 사역을 이끌었고, 또한 중동과 아프리카 사역을 맡아 많은 기여를 하였습니다.

1970년대 후반에 당시 네비게이토 선교회 회장이던 론 쎄니를 도와 부회장으로 섬겼고, 1980년대에는 한국에서 인도에 이르기까지 아시아 지역 사역을 책임 맡아 이끌었으며, 1990년대 초반에는 베트남에서 새로운 선교 사역을 개척하기도 하였습니다.

그는 평생토록 이사야 54:2-3 말씀을 사랑하며 주장하였습니다.

> 네 장막 터를 넓히며 네 처소의 휘장을 아끼지 말고 널리 펴되 너의 줄을 길게 하며 너의 말뚝을 견고히 할지어다. 이는 네가 좌우로 퍼지며 네 자손은 열방을 얻으며 황폐한 성읍들로 사람 살 곳이 되게 할 것임이니라.

과연 하나님께서는 그의 생전에 이 말씀대로 이루어 주셨습니다. 2003년 12월 14일 그는 이 땅에서의 달려갈 길을 마치고 자신이 그토록 사랑하던 주님 품에 안겼습니다.

추천의 글

본서의 메시지는 한 하나님의 사람의 삶에서 나온 것입니다. 그의 믿음과 비전과 사랑은 나의 삶에 깊은 영향을 주었습니다. 저자가 유럽에서 네비게이토 사역을 이끌고 있던 시절, 공학도였던 나는 영국 네비게이토 사역을 통해 그리스도께로 나아오게 되었습니다. 내가 1967년에 처음으로 참석했던 네비게이토 수양회의 주 강사가 바로 저자였습니다. 거기서 나는 이사야의 기도로 기도했습니다. "내가 여기 있나이다. 나를 보내소서"(이사야 6:8).

아내가 나를 만나기 전 그리스도의 제자의 삶의 원리를 배우고 익힌 것이 바로 덕 스팍스 부부의 가정을 통해서였습니다. 우리 결혼식에 주례를 서 주고, 우리를 네비게이토 간사로 징모한 이도 바로 저자였습니다. 우리가 나이지리아에서 네비게이토 사역을 개척하도록 이끈 것도 아프리카에 대한 저자의 비전과 하나님께 대한 믿음이었습니다. 그리고 우리가 아프리카에서 선교사로서 첫 임기를 보내는 동안 늘 우리를 이끌어 준 것도 저자의 지혜와 선교사로서의 통찰

력과 경험이었습니다.

  이 귀한 삶의 교훈이 담긴 본서를 추천하게 되어 크나큰 특권입니다. 주님께서 본서를 사용하셔서, 하나님의 영광을 위하여 제자의 삶을 살 뿐 아니라 나아가 제자를 삼는 일을 하고자 하는 여러분의 열정에 불을 붙여 주시기를 기도합니다.

마이크 트레니어
전 네비게이토 선교회 국제 회장

추천의 글

우리는 강박적으로 바쁜 세상에 살고 있습니다. 할 일은 많은데 시간이 너무 없습니다. 삶은 바쁘고 분주하기만 한데 열매가 없습니다.

이처럼 정신없이 바쁘고 분주한 가운데서 사람들은 효과를 증대시키기 위하여 끊임없이 새로운 길, 새로운 전략, 새로운 방법을 찾습니다. 이 열매 없는 와중에서 인생에 뭔가 존재 의미를 주는 것을 찾아다닙니다. 공허함을 메우기 위해서입니다.

그런데 참으로 아이러니한 일은, 사람들은 공허할수록 더욱 바쁘게 자신을 몰아간다는 것입니다.

우리가 지금 놓치고 있는 것은 무엇일까요? '새로운 전략'과 '새로운 방법'일까요? 그것이 과연 진실로 삶과 사역에서 부딪치는 문제들에 대한 해답일까요? 그렇지 않다는 것을 너무도 잘 알고 있습니다. 그렇다면 어떻게 해야 할까요? 하나님의 해결책은 세상이 제시하는 완벽한 조직이나 관리체계, 전략과 방법에 기반을 두고 있지 않습니다. 그러면 무엇일까요?

경건한 하나님의 사람인 E. M. 바운즈는 다음과 같은 통찰력 있는 말을 했습니다. "세상은 더 나은 방법을 찾고 있지만, 하나님께서는 더 나은 사람을 찾고 계십니다."

그렇습니다. 하나님의 해결책은 경건한 사람입니다! 전심으로 하나님을 향하고 있는 그 사람입니다.

> 여호와의 눈은 온 땅을 두루 감찰하사 전심으로 자기에게 향하는 자를 위하여 능력을 베푸시나니. (역대하 16:9상)

이것이 근본적인 해결책입니다. 이보다 심오한 방법이 없습니다. 그것은 가히 모든 것을 바꾸어 놓습니다. 그리고 이 근본적인 변화의 중심에 성육신하신 그리스도의 복음이 있습니다(로마서 1:16, 골로새서 3:3, 빌립보서 2:13, 에베소서 3:16-19). 그리스도의 복음은 사람들의 삶 속에서 역사하여 인간 역사 속에서 하나님의 구속 목적을 이루어 갑니다.

나는 신앙생활 초기에 한 경건한 사람으로부터 영적 도움을 받았는데, 그것은 하나님께서 주신 놀라운 특권이었습니다. 그의 이름은 덕 스팍스였습니다. 당시 성경대학 학생이던 나는 덕과 정기적으로 만나 많은 도움을 받았습니다. 그는 성경에 능한 사람이었습니다. 그는 성령의 검인 하나님의 말씀(에베소서 6:17)을 능수능란하게 사용할 줄 아는 말씀의 대가였습니다.

따라서 이 책이 나온다는 사실을 알았을 때 얼마나 기뻤는지 모릅니다. 하지만 이 책의 추천의 글을 써 달라는 부탁을 받았을 때는 자신이 얼마나 보잘 것 없게 느껴졌는지 모릅니다.

나는 늘 내가 받은 영적 유산에 대하여 하나님께 감사드리곤 하는데, 이제 이 유산이 여러분의 것이 될 수 있는 기회가 왔습니다. 덕 스팍스의 귀한 교훈이 담긴 본서를 통해서입니다. 본서는 읽기는 쉽습니다. 하지만 읽는 내내 자신을 돌아보며 깊이 뉘우치게 합니다! 본서를 읽으면서 나는 덕의 살아 있는 음성을 듣는 듯했고, 조용하면서도 힘찬 그의 열정을 느낄 수 있었습니다.

"저가 죽었으나 그 믿음으로써 오히려 말하느니라"(히브리서 11:4). 그렇습니다. 그는 죽었으나 지금도 여전히 말하고 있습니다.

그러므로 지혜로운 자들에게 나는 짧게 한 말씀 드리고자 합니다. "귀 기울여 들으십시오!"

에드먼드 찬
목사, '국제 제자삼는 교회 연합' 창립자

추천의 글

　대학 2학년 때인 1952년에, 덕 스팍스는 한 통의 전화를 받았습니다. 도슨 트로트맨이었습니다. 도슨은 그에게 타이완으로 가서 그곳의 긴급한 선교의 필요를 채울 수 있는지 물었습니다. 도슨에게는 알려져 있지 않았지만, 바로 몇 달 전 그는 자신의 삶을 하나님께 드리는 기도를 했었습니다. "주님, 주님께서 저를 보내기 원하시는 곳이면 어디든지 가고, 주님께서 제게 원하시는 일이면 무엇이든 언제든지 할 준비가 되어 있습니다. 기꺼이 주님의 종이 되어 섬기겠습니다. 이름 모를 정글 속 오지 마을에서라도 기꺼이 죽겠습니다. 그리스도를 위해서라면 생명의 위협도 기꺼이 무릅쓰겠습니다. 저는 언제든지 준비가 되어 있습니다."

　본서는 저자가 1975년에 미국 네비게이토 간사 수양회에서 '하나님의 사람'이라는 주제로 전한 다섯 개의 메시지를 정리한 것입니다. 여러분은 본서를 읽으면서 하나님께서 어떻게 그를 조각하여 하나님의 사람으로 만들어 가셨는지를 배우게 될 것입니다. 본서는 그가 사랑하는 하나님의 손 아래에서 변화되어 가는 과정을 아주 개인적이고도 강력한 필치로 진솔하게 이야기하고 있습니다. 그 과정의 끝에서, 굴복, 신뢰, 순종이라는 단어는 이제 더 이상 단순히 단어에 그치는 것이 아니라, 진실로 그의 삶이 되었습니다.

여러분은 본서를 읽으면서 저자와 함께 때로는 웃기도 하고 때로는 울기도 할 것입니다. 그는 자신이 직접 경험한 생생한 이야기들을 나눕니다. 그가 나누는 개인과 가정의 일화는 꾸밈이 전혀 없는 있는 그대로입니다. 거기에는 유머와 통찰력을 주는 지혜가 가득합니다. 그의 전형적인 모습을 사실 그대로 잘 보여 주고 있습니다.

여러분은 저자와 함께 시간 여행을 하게 될 것입니다. 어느 날 그는 네 어린 자녀와 함께 아내에게 암이 있다는 소식을 접합니다. 상당히 진전된 상태였습니다. 납득할 수가 없었습니다. 여러분은 이 청천벽력 같은 비극을 맞이하여 그가 하나님과 어떻게 씨름했는지를 듣게 될 것입니다. 그러나 이 모든 과정을 통하여 그는 하나님께서 자기 영광을 위하여 크게 사용하실 수 있는, 강한 사람이 되었습니다.

주님의 영광을 추구하는 '하나님의 사람'으로 살아가고자 하는 모든 사람들에게 본서가 큰 도움이 되기를 기도합니다.

더글라스 어드만
전 싱가포르 네비게이토 대표

들어가는 말

 이 수양회에 참석하게 된 것은 저로서는 참으로 크나큰 특권입니다.
 제가 미국 간사 수양회에 마지막으로 참석한 지가 벌써 7년이 지났습니다. 솔직히 말하면 저는 어제 퍽 긴장이 되어 신경이 좀 예민해져 있었는데, 여러분이 너무도 잘 대해 주었습니다. 이곳에 가득한 사랑과 우정과 교제와 열심 덕분에 정말로 저는 집에 있는 듯 편안했습니다. 이곳은 제 고국입니다. 하지만 저는 지난 24년 중 21년 동안을 해외에서 살아서 어떤 의미에서 자기 나라에서는 이방인이요 순례자입니다. 저는 그동안 제가 살았던 여러 나라에서 그렇게 느낄 때가 종종 있었는데, 여러분과 함께 있을 때는 전혀 그렇게 느껴지지 않습니다. 제가 어디에 가 있든 이곳은 저의 집이요 여러분은 저의 가족이기 때문입니다. 그리고 이 자리에 여러분과 함께 있게 되어 참으로 영광으로 생각합니다.
 가만히 보니까 여기 계신 분 중에 제가 알고 있는 분이 절반 정도밖에 되지 않습니다. 그나마 그 반 중에서도 어떤 분은 그냥 지나가며 아는 사이입니다. 그래서 부탁드리는 것인데, 지나가다 저를 보시면 다가와서 말을 걸어 주시기 바랍니다. 여러분에 대하여 저에게 말씀해 주시고, 여러분의 사역에 대하여 말씀해 주십시오. 저는 축복을 받기 원합니다. 여러분을 더욱 알기를 원합니다. 수줍어하지 마십시오. 저는 소위 말하는 '거물급 인사'도 '중요 인물'도 결코 아닙니다. 단지 형제 중의 하나일 뿐입니다. 어쩌면 단지 흰 머리가 조금 더 많을 뿐입니다. 행여 그것 때문에 겁먹고 제게 다가오기가 꺼려지는 일이 없기를 바랍니다.

저는 또한 여러분을 인하여 하나님께 얼마나 감사하는지 모릅니다. 지금 전 세계에서 진행되고 있는 네비게이토 사역에 모두들 앞장서서 헌신적으로 주님을 섬기고 있기 때문입니다. 저는 여러분으로부터 많은 것을 배웠습니다. 여러분이 해외 사역을 위해 치르고 있는 온갖 희생을 통해 많은 것을 배웠습니다. 여러분은 세계 각국에서 제자를 삼고 제자삼는 자들을 세우는 이 선교 사역을 위해 그동안 많은 희생을 치렀습니다.

저는 그것이 매우 힘들다는 것을 잘 알고 있습니다. 여러분은 훌륭한 하나님의 사람들을 해외에 선교사로 보냈고, 이를 위해 많은 값을 치렀습니다. 또한 매월 선교사들을 후원하느라 개인적인 희생을 하였습니다. 여러분 자신의 필요도 많은데 먼저 주님을 위하여 기꺼이 희생적으로 드렸습니다.

우리 주님께서 여러분의 필요를 풍성히 채워 주시리라 믿습니다.

여러 나라에서 온 우리 동역자들 또한 종종 여러분에 대하여 언급하였습니다. 그들이 여러분의 본을 보고 얼마나 감사해하는지 모릅니다. 그들은 여러분에게 큰 빚을 졌다고 느끼고 있습니다. 그리고 이제 그들 또한 선교사를 보낼 기회를 얻고 있으며, 이를 위해 치러야 하는 희생이 어떤 것인지를 깨닫게 되었습니다.

저는 이번 수양회 때 '하나님의 사람'이라는 주제로 메시지를 전해 달라는 요청을 받았습니다.

아내가 주님이 계신 본향으로 간 해에 저는 성경공부를 하기 시작했습니다. 메시지를 전하기 위해서가 아니라 순전히 제 자신을 위해서였습니다. 제가 그리스도인으로서, 그리고 하나님의 종으로서, 제 삶에서 주로 해야 할 것이 무엇인지를 알려는 목적에서였습니다. 저는 아내가 본향으로 간 것과 주님께서 제게 가르쳐 주고 계시는 모든 내용을 묵상하면서, 진실로 영원한 것에 온전히 제 자신을 드리기를 원했습니다. C. S. 루이스는 이렇게 말했습니다. "영원하지 않은 모든 것은 영원히 시대에 뒤떨어진 것이다." 저는 예수 그리스도와 더욱 한마음 한뜻이 되기를 원했습니다. 제 인생과 사역을 잠시 있다가 없어져 버릴 일시적인 것에 허비하고 싶지 않았습니다.

그러면서 제가 새롭게 깨닫게 된 것은, 하나님께서는 진실로 천국을 위해 저를 준비시키고 계신다는 사실입니다. 우리가 여기 이 땅에서 세상을 향하여 그리스도를 닮은 삶과 인격과 천국을 더 많이 보여 주면 줄수록, 빛은 더 많이 비치고, 소금은 제 기능을 더 많이 하고, 하나님의 나라는 그만큼 더 확장될 것입니다.

한번은, 어느 성경대학에서 말씀을 전하였는데, 말씀을 전한 후에 한 학생이 다가와 말했습니다. "저는 그리스도 안에서 갓난아기로 있는 게 지쳤습니다. 저는 하나님의 사람이 되고 싶습니다. 그것도 지금 당장 되고 싶습니다."

저는 그를 쳐다보며 말했습니다. "여보게. 내가 육 개월 된 우리 아들 켄트에게 알약 하나를 주었더니, 갑자기 그 아이가 힘센 젊은이가 되더니만 올림픽에 출전하여 금메달을 휩쓸고, 올림픽 기록을 깨고, 그래서 위대한 국민적 영웅이 되어 돌아온다면, 그 아이의 아빠로서 내가 어떻게 느낄 것이라고 생각하는가?"

저는 계속해서 말했습니다. "나는 뭔가 속은 느낌이 들 것이네. 마치 뭔가를 도둑맞은 것 같은 느낌이라고나 할까? 그 아이가 자라면서 하나씩 하나씩 발전하고, 때로는 걸려 넘어지고 하는 것을 하나도 보지 못했기 때문이겠지. 아마 그 모든 세월을 강탈당한 것 같은 생각이 들 것이네."

우리는 전망 가운데 그 과정을 바라보아야 합니다. 하나님께서는 천국을 위하여 우리를 준비시키고 계십니다. 그리고 주님께서 다시 오실 때에, 우리가 하나님의 사람으로 얼마나 갖춰져 있든 상관없이, 우리는 주님을 보게 되고 주님과 같이 될 것입니다. 우리는 이 사실을 잘 알고 있습니다. 그러나 지금 놀라운 사실은, 우리는 더욱더 그리스도와 같이 되어 가는 '과정' 중에 있다는 것입니다. 그 성장 과정은 느리게 진행됩니다. 그러므로 우리가 지금 있는 그곳에서 계속 앞으로 나아가도록 합시다. 그리고 주님께 여쭤어 봅시다. "주님, 저를 위한 다음 단계는 무엇입니까?" 하고 말입니다. 그리고 꼭 기억합시다. 하나님께서 우리의 아버지시며, 우리를 있는 그대로 사랑하고 계신다는 사실을 말입니다. 솔직히 말씀드리건대 저 역시 자녀들에게 책망과 징계를 할 때가 있습니다. 하지만 저는 그들을 사랑합니다. 심지어 그들이 겪는 모든 어려움을 통해 우리는 더욱 가까워집니다. 그것이 하나님의 방식입니다. '하나님의 사람'이라는 주제로 전하는 이 메시지에 들어가기에 앞서 이 사실을 명심합시다.

이제 '하나님의 사람'이 되는 것에 대해 이야기할 텐데, 우리의 강조점은 어디에 있습니까? 우리의 초점은 '사람'에게 있습니까, 아니면 '하나님'께 있습니까?

초창기 시절이 기억납니다. 우리 중 많은 이들이 허드슨 테일러라든지 다른 위대한 하나님의 사람들에 관한 책들을 읽고 있었습니다. 우리는 하나님의 '사람'이 되기를 원했습니다. 사람들이 그에 관해 전기를 쓸 만한 사람 말입니다. 기독교 역사에 기록될 사람 말입니다. 그처럼 위대한 선교사나 위대한 설교자나 위대한 믿음의 사람이 되고 싶었습니다.

하지만 제가 여기에서 이야기하려고 하는 것은 그게 아닙니다. 이 메시지는 '하나님'께 초점이 맞춰져 있습니다. 저는 '하나님'의 사람이 되는 것에 더 많이 말할 것입니다. '하나님'의 사람이 되는 것, 이것이 우리가 원하는 것입니다. 하나님의 사람은 예수 그리스도와 같이 되어 가는 과정 중에 있는 사람입니다. 모든 강조점은 오로지 하나님께 있습니다. 그리스도를 닮아 감에 있습니다.

E. M. 바운즈는 '기도의 능력'이란 책에서 이렇게 말했습니다.

> 오늘날 교회가 필요로 하는 것은 더 많은 기계나 더 좋은 기계도 아니요, 새로운 조직도 아니요, 더 뛰어난 방법도 아니고, 성령께서 쓰실 수 있는 사람입니다. 기도의 사람입니다. 기도에 능한 사람입니다. 성령께서는 방법을 통하여 역사하시지 않고, 사람을 통하여 역사하십니다. 성령께서는 기계 위에 임하지 않고, 사람 위에 임하십니다. 성령께서는 계획이나 전략이나 전술에 기름을 부으시지 않고, 사람 곧 기도의 사람에게 기름을 부으십니다.

또 이렇게 말했습니다.

하나님께서 필요로 하는 것은 위대한 재능도, 위대한 학식도, 위대한 설교자도 아니고, 거룩함에서 위대한 사람, 믿음에서 위대한 사람, 사랑에서 위대한 사람, 충성에서 위대한 사람, 하나님을 위하여 위대한 사람입니다. 이들이 하나님을 위한 세대를 만들 수 있습니다.

존 웨슬레는 다음과 같이 말했습니다.

나에게 오직 죄만을 두려워하며 오직 하나님만을 사모하는 일백 명의 전도자를 주십시오. 나는 그들이 성직자인지 평신도인지는 조금도 개의치 않습니다. 오직 이들만이 음부의 권세를 쳐부수고, 땅 위에 하늘의 왕국을 세울 것입니다.

만일 우리 눈을 자기 자신에게 둔다면 오늘 이 메시지는 별 소용이 없을 것입니다. 그러나 우리 눈을 '하나님'께 둔다면, 그리하여 더욱더 '하나님'을 닮아 간다면, 이 메시지는 각자의 삶에 영원한 변화를 가져올 수 있을 것입니다.
아내가 암으로 투병 중에 있을 때 제게 요한복음 3:30 말씀을 나눈 적이 있었습니다.

그는 흥하여야 하겠고, 나는 쇠하여야 하리라.

아내는 눈물이 맺힌 눈으로 이렇게 말했습니다. "여보, 앞으로 무슨 일이 일어날지 저는 몰라요. 하지만 제 마음에 있는 소원 한 가지는 분명히 알아요. 사람들이 저에게는 아무 주목도 하지 않고, '저 여인이 모시고 있는 하나님이 얼마나 위대하신가!' 이렇게 말하는 거예요."

저는 '하나님의 사람'이라는 이 메시지에서 '하나님'이 주된 강조점이 되기를 원합니다.

여기서 다루고자 하는 내용은 다섯 가지입니다.

1. 하나님의 사람의 생활방식

2. 하나님의 사람의 태도

3. 하나님의 사람의 확신

4. 하나님의 사람의 열망

5. 하나님의 사람의 팀웍

이 다섯 가지가 물론 하나님의 사람에 대하여 모든 내용을 포괄하고 있지는 않지만, 이를 통해 하나님의 사람의 기본 특징이 무엇인지를 생각해 볼 수 있을 것입니다.

메시지를 전하다 보면 때로 어떤 내용에 대하여는 더 강하게 이야기할 수도 있습니다. 이는 여러분을 책망하려고 해서가 아니라, 아마도 제 자신이 그것에 대해서 필요를 아주 많이 느끼고 있기 때문일 것입니다. 제가 뭔가를 이미 얻은 것으로 여겨진다면 저는 감히 이 주제에 대하여 여러분에게 말씀드리지 못할 것입니다. 저는 아주 '느린' 과정을 밟고 있는 중입니다. 저는 항상 하나님의 사람이 되는 '과정'에 대하여 이야기해 왔습니다. 제가 말씀드릴 수 있는 것은 오직, 덕 스팍스의 삶에서 그 과정이 아주 느리다는 사실입니다.

제 1 장

하나님의 사람의 생활방식

지금부터 지난 47년간의 제 삶에 대해서 47분 이내로 간증을 해보도록 하겠습니다. 제 삶을 돌아보면서 다섯 개의 핵심 단어를 중심으로 간증을 나누고자 합니다. 단어들이 서로 연관성이 없이 불쑥 나타나는 것처럼 보일 수도 있습니다.

간증을 시작하기에 앞서 먼저 창세기 32:10을 나누도록 하겠습니다.

> 나는 주께서 주의 종에게 베푸신 모든 은총과 모든
> 진리를 조금이라도 감당할 수 없사오나….

지난 세월 동안 저를 향한 주님의 선하심을 돌아보면서, 저는 하나님께서 그리스도 안에서 제게 베풀어 주신 모든 은총과 진리를 조금이라도 감당할 수 없다고 말씀드릴 수밖에 없습니다.

굴복

저는 1928년에 태어났습니다. 1년 동안은 정말로 좋았습니다. 아버지는 모피용 동물농장을 경영하였습니다. 자가용 비행기와 자동차도 있었습니다. 재산이 많았습니다.

그게 1928년이었습니다. 그 다음에 1929년이 왔습니다. 아버지는 파산하였고, 관계 당국과 어려움을 겪었습니다. 그래서 어느 날 종적을 감추었습니다. 어머니는 두 살인 저와 다섯 살인 누나를 데리고 인근의 작은 읍으로 이사했습니다. 거기서 아주 오래 된 건물의 3층에 작은 방을 얻어 미용실을 시작했습니다. 수입은 세 식구가 그럭저럭 먹고 살 정도였습니다.

저는 자라면서 아버지를 본 적이 거의 없습니다. 고등학교 1학년 때 한두 번 본 것 외에는 말입니다. 저의 고등학교 시절은 별 어려움 없이 잘 지나갔습니다. 축구도 하고 농구도 하고 육상도 하고, 3학년 때는 야구팀 주장도 하고 학생회 회장도 했습니다. 당시 친구들 사이에 작은 유행이 하나 있었습니다. 누가 잘 노느냐 하는 것이었습니다. 우리는 누가 가장 잘 노는지 서로 경쟁했습니다. 우리 중에 봅 글로크너라는 친구가 있었는데, 우리는 그를 '가비'라 불렀습니다. 졸업할 즈음 그가 챔피언이었습니다. 그는 못 하는 게 없었고, 노는 데 있어서는 둘째가라면 서러워할 사람이었습니다.

고등학교를 졸업하고 저는 해군에 갔고, 가비는 해병대에 갔습니다. 얼마 후 가비한테서 편지가 오기 시작했는데, 자신의 믿음에 대해 적어 보냈습니다. 저는 속으로 생각했습니다. '해병대가 틀림없이 너무 힘들긴 힘든가보다. 그러니까 종교로 현실 도피하고 있는 거겠지' 하고 말입니다.

그런데 샌프란시스코에서 그를 만났을 때, 전혀 힘들지 않다는 것을 알았습니다. 알고 보니 그는 서부 해안 해병대 야구팀 소속으로 YMCA에서 생활하고 있었습니다. 모든 게 풍족해서 뭐 하나 부족한 것이 없었습니다. 게다가 날마다 밥 먹고 하는 일이 단지 야구팀에서 야구를 하는 것뿐이었습니다. 그래서 더욱이 왜 종교에 푹 빠지게 되었는지 도무지 이해할 수가 없었습니다. 무슨 사연이 있기에 갑자기 교회에 열심히 나가고, 또 밖에 나가서 사람들에게 전도를 하고 그러는지 말입니다.

한번은 부대에서 외출을 나와 한 친구와 거닐고 있었습니다. 이 친구도 노는 데 있어서는 뒤지지 않는 사람이었습니다. 저는 그에게 고등학교 시절 이야기를 들려주고, 가비가 졸업할 때 노는 데 챔피언이었다는 것도 말해 주었습니다.

그러고는 그에게 부탁했습니다. "어쩌면 너라면 내 친구 가비가 종교에서 빠져 나오도록 도와줄 수 있을 거야. 나 좀 도와줄래?"

그가 말했습니다. "그래. 음, 내가 한번 해볼 게."

그렇게 해서 저는 가비에게 그를 소개시켜 주었습니다. 둘은 서로 모르는 사이였습니다. 저는 매 같은 눈으로 지켜보았습니다. 도저히 제 눈을 믿을 수가 없었습니다. 그는 제 역할을 잘했는데, 문제는 가비였습니다. 아무리 유혹을 해도 가비는 넘어가지도 무너지지도 않았습니다. 그때 저는 처음으로 깨달았습니다. 진짜 실재하는 뭔가가 있는 게 분명하다는 사실을 말입니다.

그로부터 몇 주 후 가비와 제가 단둘이 있을 때, 가비가 말했습니다. "덕, 내가 너에게 전도하려는 게 아니야. 다만 예수님께서 하신 말씀을 너에게 보여 주고 싶을 뿐이야." 그러고는 요한복음 3:3을 펴서 읽어 주었습니다.

> …진실로 진실로 네게 이르노니 사람이 거듭나지 아니하면 하나님 나라를 볼 수 없느니라.

그는 계속 말했습니다. "덕, 넌 내 친구야. 그리고 난 너를 판단할 수 없어. 네가 거듭났는지 안 났는지. 그러나 나는 알고 있어. 우리가 고등학교 시절 함께 있을 때 공놀이도 함께 하고 쏘다니며 함께 놀기도 하고 주일학교에서 함께 가르치기도 했었지. 하지만 그때 나는 거듭나지 않았어. 그리고 너는 내 친구이기에, 네가 영원토록 꺼지지 않는 지옥불에 던져지는 것을 보고 싶지 않아."

가비가 뭔가를 발견했다고 생각했는데, 바로 이것이었습니다. 이것이 그의 삶을 바꾸어 놓은 것입니다. 그는 자기가 어디로 가고 있는지를 알고 있었습니다. 그는 하나님과 연결되어 있었습니다. 하나님은 그에게 진짜로 살아 계신 분이었습니다. 하나님께서는 그를 사랑하셨습니다. 하나님께서는 그에게 관심을 갖고 계셨습니다.

저는 부대로 돌아왔습니다. 그런데 그 구절이 저를 떠나지 않았습니다. "사람이 거듭나지 아니하면 하나님 나라를 볼 수 없느니라." 사람이 거듭나지 아니하면…. 여러 가지 질문이 마음속에 떠오르기 시작했습니다. '나는 거듭났는가? 하나님은 계시는가? 그분은 나를 사랑하시는가? 그분은 내 삶을 바꾸어 주기 원하시는가? 죽은 후에도 삶이 있는가? 인생의 목적은 무엇인가?'

그래서 저는 군목한테서 신약성경 한 권을 얻어 베개 밑에 감추어 두었습니다. 당시 우리 부대에는 술을 아주 좋아하는 주당들이 있었습니다. 저도 그중 하나였고 거기에서 주도적 역할을 했습니다. 주당들이 취침 준비를 하고 있을 때, 저는 그들보다 조금 더 일찍 잠자리에 누웠습니다. 저는 그들 몰래

슬며시 그 신약성경을 꺼내서는 그들이 보고 있지 않을 때 후딱 열어 읽어 보았습니다. 읽으면서 뭔가를 발견하게 되기를 바랐습니다.

그러나 아무 일도 일어나지 않았습니다. 그래서 저는 결심했습니다. 실험을 하나 해보기로 했습니다. 저는 하나님께 말씀드렸습니다. "하나님, 당신이 정말로 제게 관심을 갖고 있다면, 어떻게 거듭나는지를 제게 보여 주십시오."

저는 주말이 비번이어서 외출을 했습니다. 고속도로로 들어서자 저는 히치하이킹을 시작하면서 속으로 하나님께 말씀드렸습니다. "자 하나님, 저는 어디로 갈지를 모릅니다. 그러나 당신이 저를 사랑하신다면, 그리고 제 인생을 위한 계획을 가지고 계신다면, 제가 거듭나려면 어떻게 해야 하는지를 보여 주십시오."

그때 차 하나가 멈춰 서더니 물었습니다. "어디로 가십니까?"

저는 그를 쳐다보며 말했습니다. "음, 당신은 어디로 가십니까?"

"퍼시픽로우요." 그의 대답이었습니다.

"좋습니다! 저도 거기로 갑니다." 그래서 저는 거기로 가서 조그만 호텔에 투숙했습니다.

다음날 아침이 일요일 아침이었습니다. 저는 호텔 직원에게 물었습니다. "여기에 제가 갈 수 있는 교회가 있습니까?"

"이곳에 교회가 23개 있는데, 당신이 고르세요." 그가 말했습니다.

저는 속으로 생각했습니다. '음, 하나님께 맡겨 봐야겠다. 일단 나가서 걸어가 보면서 무슨 일이 일어나나 보자.'

그래서 일찍 호텔을 출발하여 이리저리 돌아다니며 걷기 시작했습니다. 하늘에서 아무 음성도 없었습니다. 느낌도 없었습니다. 교회마다 예배가 막 시작되고 있었고, 이런 생각이 들었습니다. '덕, 이건 정말 미친 짓이다. 지금까지 네 인생에서 해본 것 중에 가장 미친 짓이야.' 저는 시내를 벗어나 걷기 시작했습니다.

저는 걸으면서 속으로 기도했습니다. "하나님, 정말 하나님이 계시다면, 제가 거듭나기 위하여 뭘 해야 하는지를 보여주십시오. 약속드리건대 그게 무엇이든 하겠습니다."

그리고 그것이 제가 발견한 첫 번째 다이내믹한 영적 진리였습니다. 제가 하나님께 가까이 가기를 원한다면 조건 없이 전적인 굴복 가운데 그분께 나아가야 한다는 것입니다. 따라서 그것이 저의 첫 번째 단어입니다. '굴복'이라는 단어입니다.

신뢰

그런데 무슨 일이 일어났는지 아십니까? 한 어린 여자아이가 제게 달려오더니 말했습니다. "수병 아저씨, 교회에 가지 않으실래요?"

저는 말했습니다. "그런데 어디 갈 만한 좋은 교회가 있니?"

아이는 작은 도로를 가리키며 말했습니다. "예, 좋은 교회가 있어요."

그 일요일 아침 바로 그 교회에서 저는 설교를 들었고, 그리스도께로 나아왔습니다.

설교를 들으면서 저는 처음으로, 그리스도께서 저를 위해 돌아가셨다는 것을 깨달았습니다. 그리고 두 번째 다이내믹한 영적 진리를 발견했습니다. '신뢰'입니다. 그리스도께 대한 신뢰입니다. 그리스도를 믿고 의지하는 것입니다.

순종

그런데 설교자는 예수님을 믿기 원하는 사람들은 앞으로 나오라고 했습니다. 저는 제자리에 앉아 속으로 말했습니다. '난 아니야. 수병이 어떻게 감성을 자극하는 설교자의 말을 따라 저기로 나간단 말이야?'

그때 그 꼬마 아이가 생각났고, 또 무엇이든지 하겠다고 한 약속이 생각났습니다. 그래서 결심했습니다. '그래, 일어나야겠다.'

그런데 그때 어린아이들 몇 명이 앞으로 나갔습니다. 그러자 생각이 바뀌었습니다. '아, 아니야. 나는 아니야. 어린애들과 함께 어떻게 저기로 나가?'

그 다음에 무슨 일이 일어났는지 아십니까?

성경 구절 하나가 떠올랐습니다. 그게 어디서 왔는지는 저도 모릅니다. 어쩌면 어느 날 밤 신약성경을 읽을 때 본 것이었는지도 모릅니다. 아니면 어린 시절 주일학교에 다닐 때 들은 것인지도 모릅니다. 아무튼 마치 이미 완벽하게 암송한 것처럼 떠올랐습니다. "예수께서 한 어린아이를 불러 저희 가운데 세우시고 가라사대, '진실로 너희에게 이르노니 너희가 돌이켜 어린아이들과 같이 되지 아니하면 결단코 천국에 들어가지 못하리라'"(마태복음 18:2-3).

그때에 저는 세 번째 다이내믹한 진리를 깨달았습니다. '순종'입니다. 그래서 앞으로 나갔고, 그리스도를 마음에 모셔 들였고, 그분을 따랐습니다.

전달

몇 달 후 저는 밥 쉐이퍼를 만났고, 그는 저를 말씀 속으로 안내하였습니다. 영적으로 어린 시절, 그와의 교제를 통해 저는 중요한 진리를 또 한 가지 깨달았습니다. '누군가가 당신에게 어떤 것을 하는 방법과 이유를 모두 가르쳐 줄 수는 있다. 하지만 그것이 그 사람의 삶 속에서 생생하게 살아 있지 않다면, 그것은 전달되지 않는다'라는 것입니다.

그는 하나님의 말씀에 대한 사랑, 하나님의 말씀에 대한 경외심, 하나님의 말씀에 대한 갈급함을 저에게 전달해 주었습니다. 그것은 제게 단순히 지식으로 가르쳐진 게 아닙니다. 가슴에서 가슴으로, 삶에서 삶으로 전달되었습니다. 그의 삶을 보고 배웠습니다. 그것은 지난 28년 동안 항상 저와 함께 있었습니다. 저는 그에게 많은 빚을 졌습니다. 그가 제게 전달해 준, 말씀에 대한 사랑과 경외심과 갈급함은, 그리스도인이 다른 그리스도인에게 질 수 있는 가장 큰 빚에 속하는 것입니다.

그 다음 6개월 정도 저는 열심히 그리스도인의 기본적인 삶에 힘썼습니다. 그러던 어느 날 제 자신이 정체 상태에 머물러 있는 것 같은 느낌이 들었습니다. 그리스도에 대한 처음 사랑은 점차 식더니 사라져 버렸습니다. 예수 그리스도 보다는 어떤 시스템에 붙잡혀 있다는 생각이 들었습니다. 조용히 속으로 생각을 해보았습니다. '어떻게 하면 여기서 벗어나지?'

그때 론 쎄니가 와서 말씀을 전했습니다. 그리스도인의 기본적인 삶에 힘써야 하는 이유를 분명하게 말해 주었습니다. 그것은 곧 '그리스도를 알기 위해서'였습니다. 간단한 말이었지만 거기에는 살아 움직이는 뭔가가 있었습니다. 제 마음에 뭔가 전달되는 게 있었습니다. 그는 분명한 인생 목표를 가진 사람이라는 느낌이 들었습니다. 그 목표는 그리스도를 아는 것이었습니다. 그리고 그는 진실로 그리스도를 알고 있었습니다.

갑자기 모든 일이 하나로 초점이 모아졌습니다. 초점이 선명해졌습니다. 그리스도인의 기본적인 삶은 그 자체가 목적이 아니라 단지 그리스도를 찾고 알고 경험하기 위한 수단일 뿐이었습니다.

그 후 저는 해군에서 전역하여 대학에 진학했습니다. 거기서 또 다른 네비게이토를 만났습니다. 단 로젠버거였습니다. 그도 제게 뭔가를 전달해 주었습니다. 그 전에 2년 동안 저는 사람들을 그리스도께로 인도하고 그들을 그리스도의 제자로 삼기 위해 나름대로 열심히 힘쓰고 있었습니다. 저는 사역의 지식도 방법도 가지고 있었습니다. 하지만 별 열매가 없었습니다. 열심히 도와주었지만 성장하는 사람이 아무도 없는 것 같았습니다. 그러던 차에 그와의 교제를 통해, 지식이나 방법이 아닌, 다른 뭔가가 그의 삶에서 제 삶 속으로 전달되었습니다. 그것은 '비전', 곧 사람들을 향한 불타는 마음이었습니다.

그가 전해 준 말씀은 골로새서 1:28-29 말씀이었습니다. 그는 이 말씀대로 살고 있는 사람이었습니다.

우리가 그를 전파하여 각 사람을 권하고 모든 지혜로 각 사람을 가르침은 각 사람을 그리스도 안에서 완전한 자로 세우려 함이니, 이를 위하여 나도 내 속에서 능력으로 역사하시는 이의 역사를 따라 힘을 다하여 수고하노라.

다른 번역본으로도 읽어 봅시다.

그러므로 자연스럽게 우리는 그리스도를 전파합니다! 우리가 만나는 각 사람을 권하고, 할 수 있는 대로 각 사람에게 그리스도에 대하여 알고 있는 모든 것을 가르치는 것은, 가능한 한 각 사람이 그리스도 안에서 온전한 성숙에 이르도록 하려는 것입니다. 이를 위하여 나는 하나님께서 내게 주시는 모든 힘을 다하여 자나 깨나 항상 힘써 수고하고 있습니다. (필립스 역)

그는 우리를 전도에 참여시켰습니다. 그의 삶과 열정은 제게 비전을 전달해 주었습니다. 제게만 아니라 리로이 아임스 등 다른 많은 사람들에게도 전달해 주었습니다.

따라서 또 하나의 단어가 여기에 있습니다. '전달'입니다. 우리는 사람들에게 무엇을 전달하고 있습니까? 방법입니까? 지식입니까? 아니면 '삶'입니까?

굴복하고, 신뢰하고, 순종하라. 그리고 하나님의 역사를 보라

그 후 저는 홈레이크에서 열린 '세계 비전'에 관한 세미나에 갔습니다. 도슨 트로트맨이 말씀을 전했습니다. 도슨은 우리에게 한나절 동안 주님과만 단둘이 시간을 갖도록 했습니다. 저는 한나절을 주님과만 단둘이 보내는 법을 몰랐습니다. 하지만 의무감에서 도시락을 싸들고 성경책을 갖고 근처 언덕으로 가서 자리를 잡고 앉아 앞으로 제가 무엇을 해야 할지를 생각해 보았습니다.

제가 2년 동안 갈등하며 싸워 온 것이 하나 있었습니다. 그것은 선교사가 되는 것이었습니다. 저는 대학생 사역을 대단히 좋아하고 즐겼습니다. 그러나 선교사가 되는 생각은 좋아하지 않았습니다. 단지 친숙한 미국에서 주님을 섬기기를 좋아한 것입니다. 모든 것이 친숙하고 '풍요로운' 미국에서 말입니다.

그 후 하나님께서는 제게 말씀하기 시작하셨습니다. 그 세미나에서 뭔가가 제게 전달되었기 때문입니다. 그것은 세계 비전과 지상사명이었습니다. 저는 그날 오후 대부분을 하나님과 씨름했습니다.

마침내 주님께 이렇게 말씀드렸습니다. "주님, 주님께서 저를 보내기 원하시는 곳이면 어디든지 가고, 주님께서 제게 원하시는 일이면 무엇이든 언제든지 할 준비가 되어 있습니다. 기꺼이 주님의 종이 되어 섬기겠습니다. 이름 모를 정글 속 오지 마을에서라도 기꺼이 죽겠습니다. 그리스도를 위해서라면 생명의 위협도 기꺼이 무릅쓰겠습니다. 저는 언제든지 준비가 되어 있습니다." 그래서 저는 다시 '굴복'이라는 곳으로 돌아왔습니다. 지상사명으로 돌아온 것입니다.

그 후 몇 달 지나지 않아, 도슨이 제게 물었습니다. 제가 타이완으로 갈 것인지를 말입니다. 저는 정말이지 그 문제와 싸웠습니다. 저는 주님께 말씀드렸습니다. "주님, 저는 아직 스물두 살밖에 안 됐습니다. 그리스도인이 된지도 이제 겨우 3년이 조금 넘었습니다. 저는 아직 준비가 되어 있지 않습니다." 그리고 제 기억으로 그날 아침에 두세 번 정도 하나님과 씨름하면서 말씀드렸습니다. "예, 주님. 저는 굴복했습니다. 하지만 지금은 올바른 때가 아닙니다. 저는 준비되어 있지 않습니다."

그때 예레미야 1:6-7 말씀이 성경에서 불쑥 제게 튀어나왔습니다.

> 내가 가로되, "슬프도소이다, 주 여호와여. 보소서. 나는 아이라 말할 줄을 알지 못하나이다." 여호와께서 내게 이르시되, "너는 아이라 하지 말고, 내가 너를 누구에게 보내든지 너는 가며, 내가 네게 무엇을 명하든지 너는 말할지니라."

저는 더 이상 하나님과 말싸움을 할 수 없었습니다. 다만 굴복하고 신뢰해야 했습니다.

그로부터 불과 몇 달이 못 되어 저는 길을 떠났습니다. 타이완으로 가는 느린 배에 탔습니다. 수중에는 300달러와 가방 두 개가 있었습니다. 그리고 생활비로 한 달에 25달러씩 받기로 약속되어 있었습니다.

첫 몇 달 동안 제 짐은 가방 두 개, 침낭 하나, 모기장 하나, 이게 다였습니다. 저는 조그만 방에서 생활했고 바닥에서 잤습니다. 이것은 '순종'이었습니다.

당시 타이완에는 영적 추수가 활발히 일어나고 있었습니다. 매월 오천에서 만 명의 결신자가 생기고 있었고, 제가 하는 일은 그들을 양육하는 것이었습니다. 제가 전에 해봤던 사역이라고는 대학에서 그리스도께로 인도한 여섯 명을 양육한 것이 전부였습니다. 그래서 우리는 새 신자 양육을 위한 통신 과정을 마련했습니다.

도슨의 믿음은 제게로 전달되었습니다. 그는 항상 예레미야 33:3 말씀을 주장하곤 했습니다.

> 너는 내게 부르짖으라. 내가 네게 응답하겠고 네가 알지 못하는 크고 비밀한 일을 네게 보이리라.

그래서 저는 타이완에서의 사역을 위하여 기도할 때, 주님께 이렇게 간구하기 시작했습니다. "주님, 성경을 공부하고 암송할 사람 10만 명을 보내 주소서."

저는 그 기도 제목을 함께하는 선교사 한 명과 나누었습니다. 5년 후 성경 말씀을 공부하는 사람이 20만 명이 있었습니다.

저는 타이완에 5년 간 있었는데, 1년도 못 되어 깨달은 것은, 이 놀라운 통계 숫자와 이 급증하는 통신 과정이 모두 제자들을 배가하는 것은 아니라는 것이었습니다. 제가 발견한 것이 한 가지 있습니다. 그것은 곧 제자를 배가하는 일은 대량 생산으로 되는 것이 아니라는 것입니다. 제자를 삼는 일은 디모데후서 2:2 말씀에 있는 것처럼 한 사람에게서 한 사람에게로 개인적인 삶의 '전달'로 이루어진다는 것입니다. 저는 제자삼는 일에 헌신하는 몇 사람을 징모하는 데 1년이 걸렸고, 그들을 훈련하는 데 3년이 걸렸습니다.

로이 로버트슨이 저를 방문하러 오곤 했는데, 그가 내게 전달해 준 것이 무엇인가 하면, 바로 '믿음'입니다. 우리가 기도할 때, 아시아는 작아졌고, 하나님은 커졌습니다.

우리는 함께 걸으면서 기도하곤 했는데, 저는 그것을 즐겼습니다. 그래서 저는 주님과 데이트를 하기 시작했습니다. 한 주에 하루 저녁은 혼자서 밖으로 나가 기도를 하곤 했습니다. 이렇게 기도했던 것으로 기억합니다. "주님, 타이완의 각 집에 복음을 전하게 도와주십시오. 주님, 공산국가인 중국 전역에 하나님의 말씀을 전파하는 사역을 제게 주십시오."

당시 그것은 제게는 꿈같이 여겨졌습니다. 그러나 하나님께서는 이렇게 말씀하셨습니다.

> 너는 내게 부르짖으라. 내가 네게 응답하겠고 네가
> 알지 못하는 크고 비밀한 일을 네게 보이리라.

12년 후 제가 타이완을 방문했을 때, 티머시 정이 전도지와 쪽복음을 타이완의 각 집에 전하는 사역을 맡고 있었는데, 한 번, 두 번도 아니고 세 번이나 했습니다. 그는 제가 타이완에서 제자삼은 중국인 중 하나입니다.

그리고 자니 림은 방송을 통해 오키나와에서 중국으로 복음을 전하는 일을 맡고 있었습니다. 그 방송국은 중국 전역에 하루에 8시간씩 하나님의 말씀과 복음을 방송하고 있었습니다. 그도 역시 우리의 대학생 사역을 통해 그리스도께로 돌아온 사람들 중 하나로 우리가 제자를 삼은 사람입니다.

자, 세계를 위한 우리의 기도, 그리고 우리가 훈련하고 있는 사람들을 위한 우리의 기도는 얼마나 큽니까? 우리는 정말로 이사야 60:22 말씀을 믿고 주장하고 있습니까?

하나님의 사람의 생활방식 43

그 작은 자가 천을 이루겠고 그 약한 자가 강국을 이룰 것이라. 때가 되면 나 여호와가 속히 이루리라.

할 수 있는 한 크게 기도하십시오. 저는 또 배운 것이 있습니다. 제 자신을 위해 큰 것을 구하는 것 못지않게 다른 사람들을 위해서도 큰 것을 구하라는 것입니다.

굴복하고, 신뢰하고, 순종하라. 그리고 하나님의 역사를 기다리라

저는 글렌에리(미국 콜로라도스프링스에 있는 네비게이토 선교회 국제 본부)에서 2년 동안 해외 사역 팀에서 일했습니다. 그 임기를 마치고, 저의 다음 번 임무는 유럽으로 가는 것이었습니다.

타이완에서 저는 하나님께 굴복하고, 하나님을 신뢰하고 큰 것을 구하며, 하나님께 순종하고, 하나님께서 능하신 방법으로 역사하심을 보는 것을 배웠습니다. 유럽에서는 하나님께서 약간 다른 것을 가르쳐 주셨습니다. 저는 하나님께 굴복하고 하나님을 신뢰하고 순종할 뿐 아니라, 하나님께서 역사하시는 것을 기다려야 함을 배웠습니다.

유럽에 있던 첫 해에 주님께서는 제게 이사야 54:1-3 말씀을 주셨습니다.

잉태치 못하며 생산치 못한 너는 노래할지어다.
구로치 못한 너는 외쳐 노래할지어다.
홀로 된 여인의 자식이
남편 있는 자의 자식보다 많음이니라.
여호와의 말이니라.
네 장막 터를 넓히며
네 처소의 휘장을 아끼지 말고 널리 펴되
너의 줄을 길게 하며
너의 말뚝을 견고히 할지어다.
이는 네가 좌우로 퍼지며
네 자손은 열방을 얻으며
황폐한 성읍들로 사람 살 곳이 되게 할 것임이니라.

하나님께서는 제가 하나님께서 장차 주실 열매를 인하여 노래하기를 원하셨습니다. 비록 제가 잉태치도 못하며 생산치도 못하고 있을지라도 말입니다. 우리는 열심히 수고하였지만 열매가 없는 상황이었습니다. 여인이 자녀를 낳지 못한다는 것은 엄청난 수치와 좌절을 안겨 줍니다. 우리가 그랬습니다. 경험해 보지 않은 분들은 그것이 어떤 것인지 잘 모를 수도 있습니다. 새로운 나라와 새로운 문화로 들어가서 사역을 하는 분들은 여러 해를 열심히 수고하고 나서야 비로소 열매를 보게 되는 경우가 흔합니다.

하나님께서 제게 이렇게 말씀하고 계셨습니다. "덕, 너는 노래할 거니?" 제가 그 교훈을 배운 것은 한참이 지나서였습니다.

하나님께서 제게 히브리서 6:12 말씀을 보여 주셨습니다.

> 게으르지 아니하고 믿음과 오래 참음으로 말미암아
> 약속들을 기업으로 받는 자들을 본받는 자 되게 하려
> 는 것이니라.

그래서 우리는 8년 동안 부지런함과 믿음과 오래 참음으로 기다리고 기다려야 했습니다. 그리고 나서야 비로소 몇 명을 징모하고 훈련할 수 있게 되었습니다.

그때 이사야 54:2에서 말씀하신 일이 일어났습니다.

> 네 장막 터를 넓히며
> 네 처소의 휘장을 아끼지 말고 널리 펴되
> 너의 줄을 길게 하며
> 너의 말뚝을 견고히 할지어다.

갑자기 사역이 활기를 띠기 시작했습니다. 대학생들이 그리스도께로 돌아오기 시작했습니다. 그들은 그리스도의 제자가 되었고, 제자를 삼는 자로 세워졌고, 간사가 되었습니

다. 그리고 사역이 활짝 꽃피고 번성하기 시작했습니다.

우리가 이사야 54:3 말씀이 이루어지는 것을 보기 시작한 것이 바로 그때였습니다.

> 이는 네가 좌우로 퍼지며 네 자손은 열방을 얻으며
> 황폐한 성읍들로 사람 살 곳이 되게 할 것임이니라.

하나님께서는 자신의 약속들을 성실하게 이루셨습니다. 많은 사람들이 그리스도의 제자와 일꾼으로 헌신하고, 많은 간사들이 세워지고, 많은 선교사들이 파송되었습니다. 사역이 거의 유럽 전역으로 확장되기 시작했습니다.

대단히 신나는 일들이 또 있었습니다. 우리는 동유럽 국가들에도 뚫고 들어갔습니다. 심지어 러시아에서도 사역이 시작되었습니다. 하나님께 모든 영광을 돌립니다. 그처럼 어렵고 힘든 곳에까지 들어가게 하시다니 말입니다.

> 여호와여, 영광을 우리에게 돌리지 마옵소서.
> 우리에게 돌리지 마옵소서.
> 오직 주의 인자하심과 진실하심을 인하여
> 주의 이름에 돌리소서.
> (시편 115:1)

감사

주님께서 아내를 본향으로 데려가신 이후에, 제가 배운 교훈이 무엇인지 나누어 달라는 요청을 종종 받곤 했습니다. 제가 배운 모든 교훈 중에서 가장 큰 것이라 여겨지는 것을 몇 가지만 나누고 싶습니다.

저는 한 경건한 여인과 함께 18년을 살았습니다. 그 여인은 저의 아내요, 연인이요, 반려자요, 친구였습니다. 이 땅에서 제가 가진 가장 귀한 보배였습니다. 아내가 가슴에 덩어리가 만져지는 것을 발견하고 함께 의사를 만나러 가기로 약속했던 때가 기억납니다. 그날 아침 경건의 시간에 주님께서는 시편 112:7 말씀을 통해 제게 말씀하셨습니다.

> 그는 흉한 소식을 두려워 아니함이여,
> 여호와를 의뢰하고 그 마음을 굳게 정하였도다.

리빙바이블에는 이렇게 되어 있습니다.

> 그는 나쁜 소식을 두려워하지도 않으며,
> 무엇이 일어날지 무서워하며 살지도 않는다.
> 여호와께서 그를 돌보실 것이라
> 그 마음에 확정했기 때문이다.

의사가 말하기를, 암이 진전된 단계일까 염려된다고 하면서 조직 검사를 해봐야 한다고 했습니다.

조직 검사를 하기 전 우리는 며칠 동안 말씀과 기도로 시간을 보냈습니다. 주님께서는 아내에게 새로운 방식으로 말씀해 주셨습니다. 아내는 계속 이렇게 말하곤 했습니다. "살아 계신 주님께서 그분의 살아 있는 말씀을 취하셔서 그분의 살아 있는 임재를 알려 주고 계셔요." 그리고 아내의 일기는 계속 놀라운 진리로 가득 채워졌습니다.

조직 검사 후 아내가 마취 상태에서 깨어났을 때 저는 암이라고 말해 주어야 했습니다.

아내는 잠시 말없이 약들을 응시하더니 말했습니다. "암이라니요? 저기 여보, 우습지 않아요? 이런 일이 일어나리라곤 꿈에도 생각 못 했어요."

제가 말했습니다. "여보, 주님께서 지금 이 모든 것을 통해 우리에게 말씀하시고 우리 마음을 굳게 붙들어 주신 이유가 이 때문이 아니었나 하는 생각이 들어."

종양은 지름이 10㎝나 되어서 절제 수술을 하기에는 너무 컸습니다. 그래서 몇 달 동안 방사선 치료를 받았고, 크기가 4㎝ 이하로 줄어들었습니다. 의사가 말했습니다. "제 소견에는 치료가 된 것 같습니다."

그래서 저는 마음이 놓여 5월에 있는 수양회를 위해 미국으로 가도 되겠다는 생각이 들어 그렇게 했습니다. 그런데

하나님의 사람의 생활방식　49

집에서 전화가 왔습니다. 우리 집에서 아내를 돕고 있던 간호사 자매의 전화였습니다. 아내의 암이 재발했고, 상태가 아주 안 좋으니 즉시 집으로 와야 한다는 것이었습니다. 그래서 저는 모든 일정을 취소하고 집으로 향했습니다.

론 쎄니와 함께 사무실에 있었을 때가 기억납니다. 저는 론에게 이렇게 말했습니다. "올해를 시작하면서 올해를 위해 주님께서 제게 주신 말씀이 빌립보서 4:13입니다."

> 내게 능력 주시는 자 안에서 내가 모든 것을 할 수 있느니라.

다른 번역본에는 이렇게 되어 있습니다.

> 내게 능력을 주시는 그리스도 안에서 나는 모든 것을 할 수 있는 능력이 있습니다. 내 속에 내적 힘을 부어 주시는 그분으로 말미암아 나는 어떤 것이든 할 준비가 되어 있고 어떤 것이든 할 수 있습니다. 나는 충만하신 그리스도 안에서 족합니다. (앰플리파이드 역)

저는 눈물을 흘리며 론을 향하여 말했습니다. "하나님께서 이 구절을 주신 것이 사역을 위해서라 생각했는데, 이제 알고 보니 아내 때문이었네요."

집에 돌아가 보니 아내는 병원에 있었습니다. 몇 주 동안 우리는 함께 있었습니다. 아침에도, 점심에도, 저녁에도 늘 함께 있었습니다. 어느 날 아내가 말했습니다. "여보, 전보다 더 악화된 것 같아요. 고통을 참기가 힘들어요." 아내는 너무 약해져서 기도조차 할 수가 없었습니다. 그래서 제가 디모데후서 2:11-13을 읽어 주고 그 구절로 기도해 주었습니다.

> 미쁘다 이 말이여, 우리가 주와 함께 죽었으면 또한 함께 살 것이요. (11절)

리빙바이블에는 이렇게 되어 있습니다.

> 나는 다음과 같은 진리에 위로를 받습니다. 우리가 그리스도를 위해서 고난을 당하고 죽을 때가 곧 하늘에서 그리스도와 함께 사는 때의 시작을 의미한다는 사실입니다.

저는 이제 다른 눈으로 인생을 바라봅니다. 그리스도의 재림에 대하여 노래하면서 이렇게 아룁니다. "오소서. 주 예수여, 어서 오소서." 천국은 진짜로 실재합니다. 우리가 살고 있는 세상은 실재가 아닙니다. 천국이 실상이요, 이 세상은 허상입니다. 이 세상은 아주 잠깐입니다. 일시적입니다. 순식

간에 지나가 버립니다. 그러나 천국은 영원한 실체입니다.

> 참으면 또한 함께 왕 노릇 할 것이요 우리가 주를 부인하면 주도 우리를 부인하실 것이라. (12절)

리빙바이블에는 이렇게 되어 있습니다.

> 그리고 만일 지금 주님을 섬기는 일이 힘에 겹다고 생각되거든 언젠가는 우리가 주님과 함께 왕좌에 앉아서 다스리게 될 일을 기억하시오. 그러나 만일 우리가 고난당할 때 포기하고 그리스도께 등을 돌린다면, 그러면 그리스도께서도 틀림없이 우리에게 등을 돌리실 것입니다.

아내는 죽는 것은 두려워하지 않았습니다. 그보다는 고통을 두려워했습니다. 고통 중에 행여나 주님을 부인하는 말을 하여 주님을 욕되게 할까 봐서였습니다. 너무 약해져서 기도할 수도, 너무 약해져서 믿을 수도, 너무 약해져서 의지할 수도 없었습니다. 때때로 우리는 그렇게 느낍니다. 심지어 죽음을 앞두고 있지 않은데도 말입니다.

계속 이어서 저는 아내를 위해 그 다음 구절을 읽어 주었습니다. 여러분도 이 진리를 굳게 붙잡기 바랍니다.

우리는 미쁨이 없을지라도 주는 일향 미쁘시니 자기
를 부인하실 수 없으시리라. (13절)

리빙바이블에는 이렇게 되어 있습니다.

심지어 우리가 너무 약해서 믿음이 하나도 남아 있지
않을 때에도, 주님께서는 우리에게 여전히 신실하시
고 우리를 도우실 것입니다. 왜냐하면 주님께서는
주님 자신의 일부인 우리를 떼어버리실 수 없기 때문
입니다. 그리고 주님께서는 우리에게 하신 주님의
약속을 언제나 이루실 것입니다.

우리는 이 약속 외에는 붙잡을 게 아무것도 없는 상황으로 들어갔습니다. 하나님의 성품에 대한 약속, 하나님의 신실하심에 대한 약속밖에는 붙들 게 없었습니다.

저는 집으로 갔습니다. 자녀들에게 엄마가 어떤 상태인지를 말해 주려고 말입니다. 자녀들을 한데 모아 놓고 말했습니다. "상태가 전보다 안 좋으시단다. 아주 위독하셔. 마음 단단히 먹자꾸나." 전화가 울렸습니다. 병원이었습니다. 병원 측에서는 제가 병원으로 와서 밤을 거기서 보냈으면 했습니다.

아내는 반 혼수상태에 있었고, 수혈을 받고 있었습니다. 저는 옆에 앉아 밤새도록 욥기를 읽었습니다. 욥은 하나님께

하나님의 사람의 생활방식 53

많은 질문을 했습니다. 그러나 하나님의 대답을 들을 수가 없었습니다. 욥기 끝부분에 가서야 하나님께서는 자기 자신을 욥에게 나타내십니다. 그런데 하나님께서 뭘 하시는지 아십니까? 욥에게 질문을 하시기 시작합니다. 욥은 그 답을 하나도 모릅니다.

아내가 임종하기 5분 전에, 저는 이사야 54장을 지나 막 55장을 읽고 있던 참이었습니다. 우리의 삶에 격려와 위로와 힘이 되는 말씀들이 많이 있었습니다. 바로 그때 성경 말씀이 말 그대로 살아서 제게로 튀어나왔습니다. 하나님께서 제게 직접 음성으로 말씀하시는 것 같았습니다. 8절과 9절이었습니다.

> 여호와의 말씀에, 내 생각은 너희 생각과 다르며 내 길은 너희 길과 달라서, 하늘이 땅보다 높음같이 내 길은 너희 길보다 높으며 내 생각은 너희 생각보다 높으니라.

하나님께서는 제게 묻고 계셨습니다. "덕, 너는 나를 신뢰할 수 있니? 내가 절대주권적 사랑이라는 사실을 말이다. 답을 전혀 모를 때에도? 모든 게 하나도 이해되지 않을 때에도? 단지 나를 그대로 신뢰할 수 있니? 네 삶의 모든 환경을 통치하는 하나님으로, 사랑이신 하나님으로, 나를 신뢰할 수 있니?"

저는 그 구절을 아내에게 읽어 주었습니다. 그리고 5분이 못 되어 아내는 주님 품 안에 안겼습니다.

저는 기꺼이 받아들이고, 굴복하고, 신뢰하고, 순종했습니다. 저는 말없이 흐느끼고 있었지만, 주님의 질문에 "예, 주님"이라고 말할 수 있었습니다. "저는 받아들일 수 있습니다", "저는 신뢰할 수 있습니다"라고 주님께 말씀드릴 수 있었습니다.

잠시 후 저와 친분이 있는 한 그리스도인 지도자에게 아내의 죽음을 알렸습니다. 그는 제가 아내의 죽음을 담담하게 믿음으로 받아들이고 있다는 말을 듣고 적이 당황한 듯했습니다. 솔직히 저는 지성적인 사람이 아닙니다. 그리고 그 답들도 모릅니다. 그러나 저는 하나님을 알고 있습니다. 그리고 하나님을 신뢰합니다. 저는 아내를 내드려야만 했습니다. 신뢰해야만 했습니다. 그리고 이제 순종해야 합니다.

그리고 하나님께서는 제가 퍼시픽로의 그 거리에서 배운, 그리고 그 작은 교회에서 그리스도를 영접한 그날 배운, 저 단순하고도 작은 교훈들을 저의 삶 전체를 통하여 계속 더 깊이 알아 가게 해 주셨습니다.

그러나 아직 빠진 게 있었습니다. '감사'였습니다. 저는 아내의 죽음에 대하여 주님께 감사할 수 없었던 것입니다. 감사하라! 저는 이것이 하나님께서 제게 가르쳐 주신 주된 교훈 중에 하나라고 믿습니다. 승리하는 그리스도인의 생활방식에는 굴복과 신뢰와 순종뿐만 아니라, 또한 '감사'가 있어야 한다는 것입니다. 감사는 하나님께서 절대주권적 사랑이시라는 것을 믿고 즐거워하는 것입니다. 모든 상황에서 하나님을 믿고 의지할 수 있다는 것이 얼마나 놀라운 일입니까? 감사는 바로 그 놀라운 사실을 기쁜 마음으로 기리며 널리 알리는 것입니다.

저는 긴장을 잘하는 사람입니다. 신경이 날카롭고 예민한 편입니다. 여러분은 이 메시지를 들으면서 제가 때로 긴장되어 있다는 것을 느낄 것입니다. 뭔가 불안한 구석이 있기 때문입니다. 사실은 여러분이 여기로 올라와 말씀을 전하고 있어야 하고, 저는 저기로 내려가 말씀을 들어야 마땅한 사람입니다. 지난 25년 동안 저는 긴장의 연속 가운데 하나님을 섬겼고, 지금도 여전히 긴장해 있는 그런 사람입니다. 그러나 하나님께서 시편 107:8-9 말씀을 통해 제게 가르쳐 주신 것이 있습니다.

> 여호와의 인자하심과 인생에게 행하신 기이한 일을 인하여 그를 찬송할지로다. 저가 사모하는 영혼을 만족케 하시며 주린 영혼에게 좋은 것으로 채워 주심이로다.

그것은 하나님을 찬송하라는 것입니다. 여기서 '찬송할지로다'라는 말은 '감사할지로다'(NASB, NIV)라고도 옮길 수 있습니다. 하나님께서는 저의 사모하는 영혼을 만족케 하십니다. 저의 주린 영혼에게 좋은 것으로 채워 주십니다. 그러나 제가 하나님께 감사할 수 있는 주된 이유는 단순히 "여호와의 인자하심과 인생에게 행하신 기이한 일을 인하여 그를 찬송[감사]할지로다"라고 성경에 말씀하고 있기 때문입니다.

저는 하나님께서 선하시다는 것을 믿습니다. 여러분은 믿습니까? 저는 하나님께서 사랑이시라는 것을 믿습니다. 그리고 하나님의 인자가 생명보다 낫다(시편 63:3)고 믿습니다. 여러분은 믿습니까?

> 주의 인자가 생명보다 나으므로 내 입술이 주를 찬양
> 할 것이라. (시편 63:3)

데살로니가전서 5:18에서 이렇게 말씀하십니다.

> 범사에 감사하라. 이는 그리스도 예수 안에서 너희
> 를 향하신 하나님의 뜻이니라.

우리를 향하신 하나님의 뜻이 무엇입니까? 우리가 어떤 상황에 있든, 형통한 가운데 있든 어려운 가운데 있든, 모든 일에 감사하라는 것입니다. 그것이 승리하는 그리스도인의 생활방식이기 때문입니다.

여러분 중에 어떤 분들은 지금 힘든 때를 지나고 있다고 알고 있습니다. 저는 아내로 인하여 힘든 때를 겪었습니다. 여러분 중 어떤 분들은 자녀로 인하여 힘든 때를 겪고 있습니다. 이런 상황 속에 있을 때 우리는 어떻게 감사할 수 있습니까?

감사는 굴복과 신뢰에서 나옵니다. 굴복하지 않는다면, 일이 잘 풀리지 않을 때, 진실로 마음으로부터 하나님께 감사할 수 없습니다. 하나님께서 절대주권적 사랑이심을 정말로 신뢰하고 있지 않는다면, 진실로 마음으로부터 하나님께 감사할 수 없습니다.

하나님께 굴복할 때 저는 제가 제 삶을 통치하고 있지 않음을 시인하게 됩니다. 저는 환경을 바꿀 수가 없습니다. 그것은 하나님의 일입니다. 그러므로 저는 그 환경에 감사로 반응해야 합니다. 그게 올바른 반응입니다. 그리하여 환경이 언제 바뀌든지 그것을 극복할 수 있습니다. 그리고 설사 환경이 바뀌지 않을지라도 여전히 주님의 평안과 기쁨을 경험할 수 있습니다. 주님께 감사하면 말입니다. 주님을 신뢰하면 말입니다.

삶의 모든 영역에서 우리는 단순히 하나님을 신뢰해야만 합니다. 신뢰한다는 것이 무엇입니까? 사전에 보면, 신뢰란 굳게 믿고 의지하는 것이라고 되어 있습니다. 어떤 사전에는 이렇게 되어 있습니다. '신뢰란 누군가와의 관계에서 그 친구됨과 온전함을 믿고 의지하는 것이다.' 저는 이 정의를 아주 좋아합니다. 따라서 신뢰한다는 것은 단순히 예수님의 친구 되심과 하나님의 말씀의 온전함을 굳게 믿고 의지하는 것입니다. 그게 우리가 믿고 의지할 수 있는 유일한 곳입니다.

그것이 하나님의 사람의 생활방식입니다. 그들은 굴복합니다. 그들은 신뢰합니다. 그들은 순종합니다. 그들은 마음으로부터 하나님을 찬양하고 하나님께 감사합니다. 환경 때문이 아니라 하나님이 누구신가 때문입니다. 하나님의 사람은 오직 하나님께만 그들의 신뢰를 둡니다. 하나님은 하나님의 사람이 믿고 의지하는 유일한 분이십니다.

나는 충만하신 그리스도 안에서 족합니다

하나님께서는 아내를 데려가셨습니다. 그는 경건한 여인이요, 경건한 아내요, 아주 능력이 많은 어머니였습니다. 그러나 하나님께서는 그분의 은혜가 족하다는 것을 보여 주고 계십니다(고린도후서 12:9 참조). 하나님께서는 우리의 삶에서 어떤 것이든 거두어 가실 수 있습니다. 하나님께서 그분 자신을 거두어 가시지 않는 한 우리는 족합니다.

저는 충만하신 그리스도 안에서 족합니다. 아내를 먼저 떠나보낸 저를 족하게 하시는 분이 바로 하나님이십니다. 그래서 저는 하나님께 감사합니다. "인생에게 행하신 기이한 일을 인하여 그를 찬송[감사]할지로다"(시편 107:8).

저는 제 자녀들에게 행하신 하나님의 기이한 일을 생각할 때면 깜짝 놀랍니다. 11월이 되면 네 자녀가 모두 십대입니다. 자녀들과 연관하여 심각한 문제가 하나도 없습니다. 우리는 최고의 시간을 보내고 있습니다. 그들은 주님을 사랑합니다. 모든 면에서 건강하게 성장하고 있어 감사합니다.

이 모든 것이 우리를 위하여 기도하고 있는 분들 덕분입니다. 제가 스위스 로잔에 있을 때 빌 브라이트의 아내인 보넷 브라이트가 이런 말을 했습니다. "저는 때로 새벽 두세 시에 잠이 깨어 당신과 당신 자녀들이 마음에 떠오릅니다. 그러면 일어나서 당신과 당신 자녀들을 위해 기도합니다."

호크 박사(동유럽의 그리스도인 지도자)는 말했습니다. "나와 나의 가족은 당신과 당신 자녀를 위해 날마다 기도합니다."

제가 한 것은 아무것도 없습니다.

어떤 사람이 최근에 내게 말했습니다. "당신이 겪은 것을 저는 감당할 수 없을 거예요. 아직 그런 일을 감당할 만큼 영적으로 성숙하지 않았거든요."

저는 "아니 그런 말도 안 되는 말씀 마세요!"라고 말하고 싶었으나, 이렇게 말했습니다. "그건 제 영적 성숙과는 무관합니다. 그건 순전히 하나님의 은혜 덕분입니다."

사도 바울은 "나의 나 된 것은 하나님의 은혜로 된 것입니다"(고린도전서 15:10)라고 했습니다. 그렇습니다. "나의 나

된 것은" 우리의 영적 성숙이나, 우리의 헌신이나, 우리의 믿음이나, 우리의 굴복 때문도, 우리의 순종 때문도 아닙니다. 그것은 모두 전적으로 하나님의 은혜입니다.

한 구절을 함께 나누고 싶습니다. 앞에서 이미 나누었던 빌립보서 4:13 말씀입니다.

> 내게 능력 주시는 자 안에서 내가 모든 것을 할 수 있느니라.

다른 번역본에는 이렇게 되어 있습니다.

> 내게 능력을 주시는 그리스도 안에서 나는 모든 것을 할 수 있는 능력이 있습니다. 내 속에 내적 힘을 부어 주시는 그분으로 말미암아 나는 어떤 것이든 할 준비가 되어 있고 어떤 것이든 할 수 있습니다. 나는 충만하신 그리스도 안에서 족합니다. (앰플리파이드 역)

능력을 주는 것은 우리 자신이 아닙니다. 우리의 삶의 간증이 무엇이든, 우리에게 능력을 주시는 분은 바로 '그리스도'이십니다. 우리가 삶에서 무엇을 맞이하든, 무엇을 겪든, 하나님은 절대주권적 사랑이십니다. 그리고 그리스도께서는 우리에게 필요한 '모든 것'이십니다.

묵상 및 적용

1. 자신의 삶 속에서 하나님의 인도하심에 굴복하고 신뢰하고 순종한 경험은 무엇입니까?

2. 우리는 다른 사람들에게 '삶'과 '비전'을 전달해야 한다고 했습니다(37-38쪽). 자신의 삶을 통하여 다른 사람들에게 무엇을 전달하기를 원합니까?

3. 하나님의 사람의 생활방식은 '굴복, 신뢰, 순종, 전달, 감사'라고 했습니다. 당신이 하나님의 사람이 되도록 하기 위하여 하나님께서 당신 마음속에서 어떻게 역사하시기를 원합니까?

제 2 장

하나님의 사람의 태도

하나님의 사람의 근본 태도가 무엇이어야 한다고 생각합니까? 우리가 하나님의 사람으로서 마땅히 지니고 있어야 할 태도들이 많이 있을 텐데, 그중에서 가장 기본이 되는 공통분모는 무엇이겠습니까? 우리 주님께서 가장 귀히 여기시는 태도가 무엇이겠습니까?

어거스틴은 말했습니다. "겸손은 기독교에서 첫째요, 둘째요, 셋째입니다."

어느 날 무디가 질문을 받았습니다. "무디 선생님, 기독교에서 가장 중요한 덕목 세 가지를 꼽는다면 무엇입니까?" 이렇게 대답했습니다. "첫째는 겸손입니다. 둘째는 겸손입니다. 그리고 셋째는 겸손입니다."

저 역시 그들과 생각이 같습니다. 겸손은 모든 덕의 어머니입니다. 사랑은 최고의 덕이지만, 그것은 겸손에서 나옵니다. 겸손 없는 사랑이란 있을 수 없습니다.

고린도전서 13:4에서 이렇게 말씀합니다.

사랑은 자랑하지 아니하며.

사랑은 깊은 인상이나 감명을 주려고 노심초사하지 않습니다. 사랑은 자신의 중요성을 부풀리지도 않습니다. 만일 제게 이 수양회에서 여러분에게 깊은 인상을 주려는 동기가 있다면, 저는 여러분을 제대로 사랑할 수 없습니다. 또한 제 자신의 중요성이나 제가 맡은 사역의 중요성에 대해 부풀린 생각을 갖고 있다면, 저는 그리스도의 몸 안의 다른 지체들을 제대로 사랑할 수 없습니다.

잠언 13:10에 이렇게 말씀합니다.

교만에서는 다툼만 일어날 뿐이라.…

이 구절과 연관하여 매슈 헨리는 이렇게 말합니다. "겸손에서는 사랑만 일어날 뿐이다." 재미있는 것은, 우리가 서로를 향하여 가지고 있는 '사랑'의 양은 서로와의 관계에서 가지고 있는 '겸손'의 양에 정비례한다는 것입니다.

이제 그것은 약간의 묵상과 소화가 필요합니다. 반복해서 다시 말합니다. 우리가 가지고 있는 '사랑'의 양은 '겸손'의 양에 정비례합니다.

교만

겸손이 덕의 어머니로서 모든 덕을 낳는다면, 교만은 죄의 어머니입니다. 죄는 어디로부터 왔습니까?

사탄은 스스로 타락했습니다. 그는 죄를 낳았습니다. 이사야 14:12-14에 보면, 그는 이렇게 말했습니다. "내가 하늘에 올라 하나님의 뭇 별 위에 나의 보좌를 높이리라.… 가장 높은 구름에 올라 지극히 높은 자와 비기리라." 그것이 죄의 어머니 격인 교만입니다. 그것은 여러분과 저, 우리 모두 안에 있습니다.

우리 아이들이 어렸을 적의 일입니다. 잠잘 시간이 되면 항상 우리는 세 아이를 침대로 데리고 가서는 함께 기도하곤 했습니다. 그러면 그들은 서로 다투었습니다. 서로 자기가 먼저 기도하겠다고 말입니다. 한 아이가 "내가 먼저 할래"라고 말하면, 다른 아이가 "아니야, '내가' 먼저 할래"라고 했고, 그러면 또 다른 아이가 "아니야, '내가' 먼저 할래"라고 했습니다.

그런 일이 매일, 매주, 매달 계속되었습니다. 마침내 아내가 좋은 아이디어를 냈습니다. 성경을 펴서 아이들에게, 예수님께서 먼저 된 자가 나중 되고 나중 된 자가 먼저 될 것이라고 하신 곳을 보여 주었습니다. 미소를 지으면서 속으로 생각했습니다. '드디어 문제를 해결했어.' 그리고 말했습니다. "자, 기도하자."

그랬더니 아이들이 이렇게 말했습니다. "내가 나중에 할래." "아니야, '내가' 나중에 할래." "아니야, '내가' 나중에 할래."

문제가 해결된 게 아니었습니다.

삶과 사역에서 우리는 무엇으로 동기부여를 받습니까? 우리의 삶과 사역의 엔진 동력을 높여 주는 것이 무엇입니까? 우리의 동기부여가 혹 '수직적'인 것은 아닙니까? 하나님의 사람이 되려는 동기가 무엇입니까? "내가 나의 보좌를 높이리라" 하는 것입니까? 높이 올라가는 것입니까? 높은 위치에 있는 뛰어난 지도자가 되는 것입니까? 남들이 우러러보고 남들에게 존경받는 그런 위치말입니다. 남들을 앞지르기 위하여 올라가려는 동기부여를 받고 있습니까? 그 대상이 마귀라면 올바른 것입니다. 마귀를 대적하여 싸우는 것은 아주 올바른 것입니다. 그러나 마귀가 아니라 우리의 동역자라면 어떻게 됩니까? 그리스도 안의 형제 자매라면 어떻게 됩니까?

아니면, 우리의 동기부여는 '수평적'입니까? 오직 섬기려는 것입니까? 단지 누군가를 도우려는 것입니까?

우리가 동기부여를 받는 그 방식이 결국 우리가 목표에 도달하려는 방식입니다. 우리가 수평적으로 동기부여를 받고 있다면 훌륭합니다. 그러나 수직적으로 동기부여를 받고 있다면, 우리는 진실로 크게 떨어지기 위하여 높이 올라가고 있을 뿐입니다. 높이 올라갈수록 더 크게 떨어지는 법입니다. 그러한 추락이 올 때, 그것을 받아들이기란 아주 힘들 것입니다. 그러나 그것은 반드시 올 것입니다.

하나님 나라 대 세상

자 그러면, 겸손은 왜 모든 덕의 어머니입니까? 산상수훈에 나오는 '팔복(八福)'을 좀 더 자세히 살펴봅시다. 팔복은 하나님 나라의 시민이 갖추어야 할 여덟 가지 성품 곧 '아름다운 태도'를 이야기하고 있습니다.

첫 번째 복은 모든 다른 복의 기초입니다. 마태복음 5:3에 이렇게 말씀합니다.

> 심령이 가난한 자는 복이 있나니 천국이 저희 것임이요.

심령이 가난한 자는 복이 있다고 하셨습니다. 천국이 그들의 것입니다. 천국에 있는 모든 것이 그들의 것입니다. 우리는 다른 덕들을 소유하고 누리는 은혜를 어떻게 얻습니까? 우리가 낮아질 때입니다. 자신이 가난하다는 것을 인정할 때입니다. 자신의 부족과 궁핍을 인정할 때입니다. 자신을 아주 낮게 여길 때입니다. 반면, 하나님의 사랑과, 예수 그리스도 안에 있는 은혜와, 그리스도 안에서 우리의 것이 된, 하늘에 속한 모든 복을 지극히 높게 여길 때입니다.

세상의 시스템과는 정반대입니다. 이 세상 임금은 무엇이라 말합니까? 그는 말합니다. "나는 교만과 물욕의 창시자다. 네가 나의 시스템을 따르면, 내가 너에게 자랑거리를 많이 주고, 또한 이 생에서 누릴 것을 많이 주겠다."

고대의 철학자들은 겸손과 온유를 미덕으로 여기지 않았습니다. 오히려 겸손과 온유를 기피하고 경멸했습니다. 그들이 세상적이었기 때문입니다. 또한 겸손은 세상에서 앞서는 길이 아님을 알았기 때문입니다.

세상은 말합니다. "강한 자와 성공한 자, 높은 자와 큰 자는 복이 있나니, 세상의 왕국이 그들의 것임이로다. 네 자신을 믿고, 높은 자아상을 발전시키고, 성공한 사람처럼 행동하고, 리더처럼 행동하라. 그러면 너는 세상이 제공하는 것은 무엇이든 얻을 수 있도다."

한번은 유명한 프로복서인 무하마드 알리가 TV에서 대담을 하였는데, 사회자가 말했습니다. "알리 씨, 당신 생각에 자신의 가장 큰 약점이 무엇인지 말씀해 주시지요."

그는 어이가 없다는 표정으로 잠시 말을 못 하고 있더니 이렇게 되물었습니다. "질문을 다시 해 주시겠습니까?"

"자신의 가장 큰 약점이 무엇이라고 생각하십니까?"

"음 글쎄요. 제게 한 가지 약점이 있다면, 틀림없이 제가 얼마나 위대한지를 깨닫지 못하고 있는 것일 겁니다!"

예, 그것이 세상입니다. 그러나 그것은 예수님이 아닙니다. 그것은 성경이 아닙니다. 사탄은 땅에 속한 왕국의 보화들을 교만한 자들에게 줍니다. 하나님께서는 하늘에 속한 왕국의 보화들을 겸손한 자들에게 주십니다.

하나님께서는 교만한 자를 대적하신다

오늘 제가 말씀드리는 구절은 여러분이 잘 아는 네비게이토 주제별 성경 암송 구절에 나오는 것입니다. 저는 28년 동안 그 구절을 암송해 왔습니다. 그 구절은 지금도 여전히 제게 말씀하고 있습니다. 그것은 진행 과정이 느립니다. 하지만 영광스러운 과정입니다.

베드로전서 5:5-6은 이렇게 말씀합니다.

> 젊은 자들아, 이와 같이 장로들에게 순복하고 다 서로 겸손으로 허리를 동이라. 하나님이 교만한 자를 대적하시되 겸손한 자들에게는 은혜를 주시느니라. 그러므로 하나님의 능하신 손 아래서 겸손하라. 때가 되면 너희를 높이시리라.

하나님께서는 우리를 급히 높이지 않으십니다. 그러므로 우리도 급해지지 맙시다.

하나님께서 여러분의 사역을 대적하시는 것을 경험한 적이 있습니까? 하나님께서 여러분 자신을 대적하시는 것을 경험한 적이 있습니까? 아니면, 하나님께서 누군가를 대적하시는 것을 경험한 적이 있습니까? 저는 지난 세월 동안 하나님께서 저를 대적하시는 것을 여러 번 경험하였습니다. 슬픈 사실은 많은 경우 제가 그것을 깨닫는 데 시간이 오래 걸렸다는 것입니다. 하나님께서 저를 대적하시는 것을 경험한 영역이 많이 있는데, 여기서 몇 가지만 들어 보겠습니다.

하나님께서 저를 대적하시는 것을 경험한 때는, 제가 저의 은사와 능력(또는 제가 그렇게 생각하고 있는 것)을 너무 지나치게 의지하기 시작했을 때입니다. 그럴 때 저는 하나님께서 저를 대적하시는 것을 발견했습니다. 제가 하나님이 아니라 제 자신을 믿고 의지했기 때문입니다.

또한 사람들을 이끄는 지도자로서 다른 사람들을 지배하

려 들거나 그들 위에 군림하려 할 때에 하나님께서 저를 대적하시는 것을 경험하였습니다.

그리고 하나님께서 저의 교만을 대적하시는 것을 경험하였습니다. 이를 테면, '나는 최상의 선교 전략을 알고 있다', '나는 풍부한 선교 경험이 있다', '나의 사역 방법은 최상이다. 리더들이 나의 사역 방법이 얼마나 훌륭한지를 발견한다면, 또한 내가 그들의 문제에 대한 해답을 가지고 있다는 것을 알게 된다면, 아, 우리 사역은 잘될 텐데!' 하는 생각들입니다. 하나님께서는 정말이지 바로 그것을 대적하십니다. 하나님께서는 교만한 자, 스스로 만족하는 자, 자기가 해답을 가지고 있다고 생각하는 자들을 대적하십니다.

심령이 가난한 자, 바로 그런 사람에게 하나님께서는 응답하십니다.

슬픈 일이지만 저는 하나님께서 대적하신 사람들의 이야기도 들려드릴 수 있습니다. 그들의 이야기를 하려고 하면 눈물이 나옵니다. 정말이지 울지 않을 수가 없습니다. 너무도 안타까운 일입니다. 그들을 보면서 더욱더 긍휼과 사랑의 마음을 느끼게 됩니다. 제 자신이 더욱 겸손해야겠다는 생각을 하게 됩니다. 그들은 겉보기에는 아무 문제가 없이 아주 잘 있는 것처럼 보였습니다. 아주 인자하고 사랑이 많은 사람 같았습니다. 사역도 아주 안정되게 잘 이루어지고 있는 듯이 보였습니다. 문제는 함께하는 사람들이 전혀 성장할 수 없고 아무것도 스스로 할 수 없다는 것이었습니다. 그들은 또한 자신의 성공에 갇혀 스스로 만족한 나머지 더 이상 창의적이고 새로운 시도를 하려 하지 않았습니다.

사역을 하다 보면, 그때그때의 필요와 상황에 따라 계속 새로운 아이디어를 내어 시도하게 됩니다. 그런데 안타까운 것은 어떤 이들은 상황이 바뀌고 필요가 달라졌는데도 전에 시도해서 많은 효과를 보았던 아이디어들에 집착한다는 것입니다. 참으로 경직된 생각에 빠져 있는 것입니다. 그리하여 계속 다이내믹하게 변화하고 성장하고 있는 사역에 유연하게 적응할 수 없게 됩니다.

한번은 어떤 사람이 제게 물었습니다. "무엇이 문제라고 생각합니까?" 제가 말했습니다. "죄송한 말씀인데요, 그들에게 겸손한 마음이 없어서 그러는 것 같습니다."

그리고 하나님께서는 그것을 대적하십니다.

하나님께서는 겸손한 자들에게 은혜를 주신다

하나님께서 어떤 사람을 높이시는 것을 본 적이 있습니까?
저는 오랫동안 빌리 그래함을 알아 왔습니다. 왜 그가 훌륭한 지도자라고 생각합니까? 제가 생각하기로는, 그가 훌륭한 전도자라서가 아니라 겸손한 사람이기 때문인 것 같습니다.

저는 또한 프랜시스 쉐이퍼를 알고 있습니다. 잘 아시다시피 그는 뛰어난 지성의 소유자입니다. 그런데 제가 보기에는 그의 지성보다도 뛰어난 게 두 가지가 있습니다. 겸손과 사랑입니다.

스펄전은 말하기를, 하나님의 나라에서 '뜨는' 방법은 자신이 '가라앉는' 것이라고 했습니다.

시편 138:6은 말합니다.

> 여호와께서 높이 계셔도 낮은 자를 하감하시며 멀리서도 교만한 자를 아시나이다.

'심령이 가난'하다는 것은 무슨 뜻입니까? 먼저 그것이 의미하지 않는 것이 있습니다. 그것은 심령의 빈곤함, 초라함, 허약함, 열등함을 의미하지 않습니다. 수동적 태도를 취하는 것을 의미하지 않습니다. 두려워한다든지, 신경질적이라든지, 겁을 먹는다든지, 어물어물 망설이기만 하고 결단성이 없다든지, 쉽게 흔들린다든지 하는 것을 의미하지 않습니다. 남과 잘 어울리지 않는다든지, 수줍어한다든지, 내향적이라든지 하는 것을 의미하지 않습니다. 또 자신의 개성을 억눌러야 한다는 것을 의미하지 않습니다. 심령이 가난하다는 것은 앞에서 이야기한 것 중에 아무것도 해당되지 않습니다.

그러면 심령이 가난하다는 것은 무엇을 의미합니까? 그것은 자기 자신에 대하여, 하나님에 대하여, 다른 사람들에 대하여 근본적으로 올바른 태도를 갖는 것입니다.

1. 자기 자신에 대한 올바른 태도

'심령이 가난'하다는 것은, 자기 자신에 대하여, "아, 저는 아무것도 아닙니다" 이렇게 말하고 다녀야 한다는 의미가 아닙니다. 하나님께서 각 사람마다 신체적으로 정신적으로 고유한 은사와 능력, 다양한 재능과 기술을 주셨기 때문입니다. 그것들을 삶의 '어두운 지하 감옥'에 가둬 놓는다든지, 부정한다든지 해서는 안 됩니다. 진실로 자신을 있는 그대로 받아들이는 것을 배워야 합니다. 우리가 되기 원하는 대로가 아닙니다. 우리의 야망대로나, 우리를 향한 다른 사람들의 야망대로가 아닙니다. 진실로 우리 자신을 있는 그대로 받아들여야 합니다. 우리 자신에 대하여 건전한 현실적 평가를 해야 합니다. 인간 사회 속에 사는, 한 인간으로서, 남편으로서, 아내로서, 아버지로서, 어머니로서, 하나님의 종으로서 말입니다.

그러나 아울러 하나님 나라의 백성과 종으로서 또 다른 차원이 있습니다. 하나님 나라에서는 성령이 없이는 우리가 하나님의 일을 수행할 수 없습니다. 성령이 없이는 자신이 부족하고 아무것도 할 수 없다는 것을 깨닫는 사람들이 바로

'심령이 가난한' 사람들입니다.

아내와 함께 병원에서 돌아오던 때가 기억납니다. 의사가 우리에게 처음으로 희망을 주는 말을 했었습니다. "제 소견에는 치료가 된 것 같습니다." 함께 길을 가면서 아내는 감정을 억제하지 못하고 울음을 터뜨리며 말했습니다. "사실 저는 오직 지옥에나 가 마땅한 사람이에요."

아내들이여, 저는 여러분에게 제 아내에 대하여 말씀드릴 수 있습니다. 그러면 다들 불편한 마음이 들지도 모르겠습니다. 저는 아내의 전기를 쓰려 하고 있습니다. 그런데 가장 큰 어려움이 뭔지 아십니까? 다른 여인들이 동일시할 수 있는 약점과 결점을 찾아 기록하는 것입니다. 겉으로 드러난 것만 보면 아내는 아무 결점이 없는 것처럼 보였습니다. 아시다시피 사랑은 얼마나 눈이 멀게 하는지 모릅니다. 저는 아내와 연관하여 잘못된 것을 볼 수가 없었습니다. 그러나 자신이 오직 지옥에나 가 마땅하다고 한 것에 대해서는 옳다고 생각합니다. 성경을 읽을 때 그것은 분명합니다.

우리 중 얼마나 정말로 자신은 오직 지옥에나 가 마땅하다고 여깁니까?

어느 날 아침 식탁에서, 아이들이 불평을 계속하자 아내가 말했습니다. "얘들아, 제발 불평 좀 그만해! 너희가 마땅히 받을 벌을 받는다면 뭔지 알지?"

어린 크리스가, 그때에 그 아이는 정말로 어린아이였는데,

하나님의 사람의 태도 75

큰 소리로 말했습니다. "예, 지옥이요!" 그러자 모든 아이들이 서로 쳐다보더니 불평을 멈추었습니다.

제가 하나님을 위하여 무엇을 할 수 있겠습니까? 영원한 의미가 있는 것을 무엇을 할 수 있겠습니까? 제 자신만 보면, 저는 별 볼 일 없고, 하나님의 일을 하기에 너무도 부족합니다.

그것이 우리 자신에 대한 올바른 태도입니다. 우리는 거기서 시작해야만 합니다. 그러나 거기서 끝나지 않습니다.

2. 하나님에 대한 올바른 태도

마태복음 5:3의 앞부분인, "심령이 가난한 자는 복이 있나니"라는 부분만 취하면, 우리는 다니면서 이렇게 말할지도 모릅니다. "아, 저는 불쌍한 자입니다. 아무것도 아닙니다. 별 볼 일 없는 사람입니다." 그러면서 하나님께서 우리에게 주신 모든 것을 억누르려고 할 것입니다. 우리는 병적으로 자신을 분석하게 되고, 결국 무기력하고 쓸모없게 되어 버릴 것입니다.

그러나 그 구절의 뒷부분은 이렇게 말씀합니다. "천국이 저희 것임이요." 누가복음 6:20에서는 "가난한 자는 복이 있나니 하나님의 나라가 너희 것임이요"라고 말씀했습니다. '천국'이 '하나님의 나라'라고 되어 있습니다. 하나님의 나라가 그들의 것입니다. 하나님 나라의 '모든' 자원이 진실로 하나님을 의지하는 자들에게 열려 있습니다. 그들은 그 모든 것을 언제든지 누릴 수 있습니다. 그들은 자기 자신에 대하여 하나님의 종으로서 건전한 현실적 태도를 가지고 있는 이들입니다. 그들은 하나님이 없이는 아무것도 할 수 없다는 것을 잘 알고 있습니다. 그러나 또한 그들은 하나님 안에서 부요하다는 사실도 잘 알고 있습니다!

심령이 가난하지만 하나님 안에서 부요한 자들 속에는 아름답고도 완전한 자유가 있습니다. 그들은 자유합니다. 그들이 해방되어 자유케 된 것은 하나님 나라에서 일하기 위한 것입니다. 하나님의 사람이 되기 위한 것입니다.

> 우리가 무슨 일이든지 우리에게서 난 것같이 생각하여 스스로 만족할 것이 아니니, 우리의 만족은 오직 하나님께로서 났느니라. 저가 또 우리로 새 언약의 일꾼 되기에 만족케 하셨으니…. (고린도후서 3:5-6)

'새 언약의 일꾼' 된 우리의 만족은 오직 우리 안에서 역사하시는 하나님으로부터 나옵니다.

우리는 '양쪽 둘 다'의 태도를 가지고 있어야 합니다. 우리는 우리 자신 안에서는 가난하지만, 하나님 안에서는 '한없이' 부요합니다!

진실로 이러한 태도는 곧 우리의 기도 생활에 영향을 미치게 됩니다.

　우리 동역자인 케이스는 나이지리아에서 사역을 하고 있었습니다. 그는 미국에서 캐럴과 결혼한 후 사역지인 나이지리아로 가는 도중에 런던에 들렀습니다. 그들은 잠시 영국에 머물면서 여행도 하고 캐럴의 비자도 발급받고 할 계획이었습니다. 그런데 케이스가 갑작스레 나이지리아로 급히 돌아가야 할 일이 생겼습니다. 케이스는 비자가 있었기에 일정을 당겨 먼저 나이지리아로 떠났고, 뒤이어 캐럴도 비자를 발급받아 곧 뒤따라가기로 했습니다. 그러나 새로 비자를 발급받는 일이 생각과는 달리 쉽지 않았습니다. 날마다 캐럴은 나이지리아 대사관에 갔으나 그때마다 "내일 다시 오세요"라는 말만 들었습니다. 그리고 이렇게 몇 주가 흘러가 버렸습니다.

　우리 부부는 캐럴의 비자 발급을 위해 계속 기도했습니다. "주님, 이 사랑하는 부부가 결혼한 지 몇 주밖에 안 되었는데, 지금 떨어져 있습니다. 캐럴에게 비자를 주십시오.…" 하루는 캐럴이 제 사무실에 울면서 들어왔습니다. 그때 제 마음에 이런 생각이 들었습니다. '덕, 이제 비자 발급받으러 이리저리 그만 뛰어다녀라.' 우리는 함께 무릎을 꿇고 예수님의 이름으로 기도했습니다. "주님, 주님께서 캐럴에게 비자를 주셔야 할 이유는 아무것도 없습니다. 다만 예수님의 의를 의지하여 예수님의 이름으로 기도할 뿐입니다."

　캐럴은 꿇었던 무릎을 일으켜 세우고는 대사관으로 갔습

니다. 그날 데스크 뒤에 있는 직원이, 그동안 캐럴을 힘들게 하고 몇 주간이나 계속 애먹였는데, 미소를 띠며 말했습니다. "오늘은 비자를 내주겠습니다. 그리고 항공사에 전화해서 오늘밤 비행기를 탈 수 있는지 알아봐 주겠습니다."

심령이 가난할 때, 우리는 자신이 진실로 얼마나 가난한지를 깨닫게 되고, 그것은 우리를 하나님께로 향하게 합니다. 그곳이 바로 우리가 시작해야 할 곳입니다. 우리는 자신에 대하여는 두 손을 들고, 하나님께로 향하여야 합니다. 자신이 끝났다고 생각될 때에야, 정말로 아무것도 할 게 없다고 생각될 때에야, 비로소 우리는 하나님께로 향하게 됩니다.

아내가 암으로 고통당할 때 제게 한 말을 기억합니다. "여보, 저는 하나님의 은혜에 의지하는 것 가지고는 만족하지 못해요. 그 이상을 원해요. 전 하나님 그분을 원해요."

그리고 아내는 성경에서 자신이 찾고 있던 그 구절을 발견했습니다. 고린도후서 12:9이었습니다.

> 내게 이르시기를, "내 은혜가 네게 족하도다. 이는 내 능력이 약한 데서 온전하여짐이라" 하신지라.…

다른 번역본에는 이렇게 되어 있습니다.

그때마다 하나님께서는 이렇게 말씀하셨습니다.

"안 된다. 그러나 내가 너와 함께 있으마. 그것이 네게 필요한 전부다. 내 능력은 약한 사람[심령이 가난한 자] 안에서 가장 잘 나타난다."… (리빙바이블)

그 후 몇 주, 몇 달 동안 이 말씀은 아내에게 많은 것을 가르쳐 주었습니다.

삶과 죽음의 근본 실체에 맞닥뜨려 생의 제일 밑바닥에까지 이르게 되면, 우리는 그 어떤 것보다 한 가지를 가장 원하게 됩니다. 그것은 곧 예수 그리스도입니다. 오직 예수님만을 원하게 됩니다. 그때 우리는 깨닫게 됩니다. "이게 바로 내게 필요한 것이다. 내게는 '그분'이 필요하다" 하고 말입니다. 그분이야말로 우리에게 필요한 전부인 것입니다.

저는 제 자신의 힘과 능력을 보여 주기보다 하나님의 능력의 산 증거가 되기를 기뻐합니다. 자신의 힘과 능력을 보여 줄 만한 사람이 있다면, 그것은 사도 바울이었습니다. 그는 어쩌면 인류 역사상 가장 뛰어나고 가장 유능한 사람에 속할 것입니다. 그러나 그는 자신의 인간적 능력이 아주 뛰어남에도 불구하고 그것을 의지하지 않았습니다. 그는 자기 자신 안에서는 가난하고 오직 그리스도 안에서만 부요하고 족하다는 것을 배웠던 것입니다.

우리가 하나님의 사람이 되기를 원한다면, 우리 역시 기본적으로 동일한 태도를 가지고 있어야 합니다. '나는 내 자신

안에서는 가난하지만 그리스도 안에서는 한없이 부요하다'
는 것입니다.

3. 다른 사람들에 대한 올바른 태도

그러면 다른 사람들에 대한 우리의 태도는 무엇이어야 합니까?

여기에 주제별 성경 암송에 나오는 구절이 있습니다. 빌립보서 2:3-4입니다.

> 아무 일에든지 다툼이나 허영으로 하지 말고 오직
> 겸손한 마음으로 각각 자기보다 남을 낫게 여기고,
> 각각 자기 일을 돌아볼 뿐더러 또한 각각 다른 사람
> 들의 일을 돌아보아 나의 기쁨을 충만케 하라.

어느 날 아내가 아이들에게 서로를 작게 여겨서는 안 된다고 가르쳐 주었습니다. 서로 무시하고 업신여기고 낮추어 보아서는 안 된다고 했습니다. 아내가 이 교훈을 마치자 위로 큰 아이 셋은 아주 양심이 찔렸습니다. 그때 제일 어린 크리스가 말했습니다. "엄마는 저한테도 이 말씀을 하신 거예요? 제가 어떻게 누구를 작게 여길 수 있겠어요? 제가 가장 작은데요!"

바로 그것입니다. 자신이 가장 작은 자라는 것을 깨닫는다면 어느 누구도 작게 여길 수 없는 것입니다. 크리스의 말은 이 구절에 대한 가장 훌륭한 주석이었습니다.

"자기보다 남을 낫게 여기고"라는 것은 무엇을 의미합니까? 낫게 여긴다는 말은 소중히 여긴다, 가치 있게 여긴다는 뜻입니다. 다른 사람들이 더 능력 있다거나 더 유능하다고 여기라는 의미가 아닙니다. 그것은 단순히 그들을 우리 자신보다 더 귀하게 여기는 것을 의미합니다.

누군가를 더 낫게 여기는 것은 단지 태도만의 문제가 아닙니다. 거기에는 행동도 포함됩니다. 실제로 그들을 더 낫게 여기기 위하여 애쓰는 것입니다. 바울은 고린도후서 13:9에서 이렇게 말했습니다.

> 우리가 약할 때에 너희의 강한 것을 기뻐하고, 또 이 것을 위하여 구하니 곧 너희의 온전하게 되는 것이라.

이것을 어떻게 할 수 있겠습니까? 단순하게 순종하십시오. 하나님께서 말씀하시면 그대로 행하십시오.

예를 들어, 다른 그리스도인과의 관계에서 경쟁이나 비교 의식을 가지고 있다거나, 또는 제 자신을 그보다 더 낫게 여기고 있다면, 저는 즉시 그를 위해 기도하기 시작합니다. 이렇게 아룁니다. "저보다 그에게 더 복을 주시옵소서. 주님,

제가 그의 발전을 돕고 격려하기 위하여 할 수 있는 것이 무엇이 있겠습니까?" 그러고 나서 그 기도 제목으로 계속 기도합니다. 그렇게 하는 것이 제 자아에게는 어려운 일입니다. 제 육신은 그것을 좋아하지 않기 때문입니다. 그런데 지금까지의 경험으로 보건대 그리 오래 기도하지 않아, 그 문제에 진전이 있게 되고 잘 해결됩니다. 제 육신으로는 두려운 생각이 들기도 합니다. 제가 너무 오래 기도하면 하나님께서 그에게 복을 너무 많이 주실까 봐 두려운 것입니다!

> 누구든지 자기의 유익을 구치 말고 남의 유익을 구하라. (고린도전서 10:24)

제가 그를 더 낫게 여기고 있다면, 다시 말해 그를 더 소중히 여기고, 그의 관점으로 바라보고, 그의 유익을 구하려고 힘쓰고 있다면, 저는 겸손한 사람입니다. 제가 같은 형제로서 손을 내밀어 상대방을 그리스도 안에서 완전한 자로 세워 주고 성장을 돕기 위해 힘쓰고 있다면, 하나님께서 그 일을 축복하실 것입니다.

그러나 제가 그 사람 위에 군림하고 지배하려고 한다면, 하나님께서 장차 저를 대적하실 것입니다. 그것은 십자가의 길이 아닙니다. 예수님의 길이 아닙니다. 성경의 길이 아닙니다. 그것은 전형적인 세상적 태도입니다. 그것은 하나님의 나라에 속한 것이 아닙니다.

혹시 선교지에서 가장 큰 문제 가운데 하나가 무엇이라고 생각합니까? 제 생각으로는, 다른 사람을 자기보다 낫게 여기지 않는 것이 아닌가 합니다. 선교지에 새로운 선교사가 옵니다. 그는 선임 선교사를 자기보다 더 낫게 여기기가 쉽지 않습니다. 자기는 최신의 선교 지식과 방법을 알고 있다고 생각하기 때문입니다. 그리고 선임 선교사는 그 신임 선교사를 자기보다 더 낫게 여기기가 쉽지 않습니다. 자기가 선교에 대한 지식과 경험이 더 많고, 또 그곳 사람들과 문화와 기타 모든 것을 더 잘 안다고 생각하기 때문입니다.

제가 신임 선교사로 타이완에 갔을 때 선배 선교사가 이런 말을 해 주었습니다. "내가 선교사로 중국에 왔을 때, 선임 선교사가 내게 말했지. '선교지에서 자네가 맞이하게 될 가장 큰 문제는 동료 선교사처럼 되려고 하는 것이라네'라고 말이야. 그런데 죄송한 말씀이지만 그분은 틀렸네. 그것은 두 번째로 큰 문제였어. 첫 번째로 큰 문제는 바로 나였다네. 나의 교만이었지."

그래서 저는 타이완에서의 첫 임기를 마치고 다시 유럽으로 파송되어 갔을 때 다음과 같은 작은 서원을 했습니다. "주님, 사람들이 저와 문제가 없을 순 없지만, 하나님의 은혜로 저는 그들과 문제가 있지 않도록 하겠습니다."

어떻게 겸손할 것인가

자 이제, '어떻게 겸손할 것인가'에 대해 나누고자 합니다. 저는 이 주제로 넘어가는 것이 아주 망설여졌습니다.

제가 이 주제로 말씀을 전한 것이 이번으로 세 번째입니다. 이 주제에 대하여 말씀을 전하려고 할 때마다 이런 생각이 듭니다. '아, 안 돼. 너는 '겸손, 그것을 어떻게 얻는가'에 대해서 말씀을 전하는 사람이 되지 마라.' 그 다음 저는 그 문제에 대하여 기도하면서 생각합니다. '내가 겸손에 대해 이야기하지 못하게 막는 게 무엇인가? 그래, 나의 교만이다.' 진실로 겸손의 영역에 이르면 아무도 장담할 수 없습니다. 우리는 모두 이미 이렇게 저렇게 실패를 경험했기 때문입니다.

겸손이란 자신의 부족함을 철저히 인정하고 그리스도만을 온전히 의지하는 것이라고 생각합니다. 겸손은 내적 성찰을 통해 계발되거나 발견될 수 있는 성질의 것이 아닙니다. 대신, 겸손이란 자신을 한 번 바라볼 때 예수님은 백 번 바라보는 것입니다.

제게 이런 질문을 하는 사람들이 꽤 많습니다. "겸손하기 위해서 힘써 해야 할 일이 무엇입니까?"

자신의 인간적 노력으로 겸손하기를 힘쓰지 마십시오. 베드로전서 5:6은 이렇게 말씀합니다.

그러므로 하나님의 능하신 손 아래서 겸손하라.…

　하나님께서는 절대주권을 가지신 분이십니다. 하나님께서는 능하신 손을 가지고 계십니다. 이 '하나님'께서 친히 우리가 겸손하도록 역사하실 것입니다. 하나님께서는 우리를 겸손케 할 여러 환경을 삶 속으로 이끌어 들이실 것입니다. 따라서 우리가 하나님과 하나님의 절대주권, 그리고 하나님께서 우리에게 가르쳐 주려고 하시는 것에 민감하게 깨어 있다면 이를 통해 겸손을 배우게 될 것입니다.

　하나님께서는 이스라엘 자손을 애굽에서 인도해 내신 후 40년 동안 광야에서 생활하게 하셨습니다. 왜 그러셨습니까? 그들을 낮추시며 겸손케 하기 위해서였습니다. 그리고 그들의 생명을 유지시켜 주는 만나를 얻기 위해 하나님을 바라보도록 하기 위해서였습니다. 사람이 떡으로만 사는 것이 아니요 하나님의 입에서 나오는 모든 말씀으로 사는 것임을 알게 하기 위해서였습니다! 그것이 바로 40년 동안 그들이 경험한 것입니다(신명기 8:2-3).

　슬픈 사실은, 하나님께서는 오늘날 우리에게도 항상 역사하고 계시지만, 너무도 자주 우리는 그것을 깨닫지도 못하고 있다는 것입니다.

　제 삶 속의 여러 환경들이 생각납니다. 하나님께서 저를 겸손케 하기 위해 사용하곤 하셨던 것들입니다. 저를 울게

만든 것도 있고, 정말이지 저를 웃게 만든 것도 있습니다. 한 가지 사건을 생각할 때면 지금도 계속 빙그레 미소를 짓곤 합니다.

아내가 본향으로 간 지 6개월쯤 지나서, 선교 사역 상의 일로 독일, 네덜란드 등지를 돌아볼 일이 있어서, 가는 길에 열 살인 어린 아들 크리스를 함께 데리고 갔습니다.

네덜란드에서 있었던 일입니다. 어느 날 일을 마치고 난 후 자유로운 저녁 시간이었습니다. 그래서 네덜란드 주재 미국 대사에게 전화를 했습니다. 저는 전에 그에게 복음을 전했었고, 그의 가족과 우리 가족은 서로 오가는 가까운 사이였습니다. 저는 그에게, 마침 시내에 들렀는데 그냥 안부 인사나 하고 싶어 전화했다고 했습니다.

"저녁 식사 하러 오세요, 덕."

"그런데 우리 꼬마애가 함께 있습니다."

"그럼 크리스를 데려오세요. 저녁 식사 손님이 몇 명 있는데, 넉넉하게 준비했습니다. 와서 함께하세요."

그래서 우리는 대사관저로 갔습니다.

그는 아주 부유한 사람입니다. 거실에 렘브란트 그림 원작을 걸어 두고 있는 사람이 세계에서 세 명뿐인데 그중의 하나입니다. 모든 값비싼 예술품과 골동품을 보면서, 어린 크리스의 눈은 점점 더 커졌습니다. 우리는 아름다운 방에 있는 커다란 테이블에 앉았습니다. 우리 앞에는 윈스턴 처칠

하나님의 사람의 태도

의 은촛대가 있었습니다. 크리스의 눈은 휘둥그레지더니 축구공만 해졌습니다.

그때 가정부가 주름 하나 없이 빳빳한 검정 유니폼을 입고 들어와 식사를 시중들었습니다. 그는 로스트비프 접시를 먼저 대사에게 내밀었고, 대사는 두 조각을 집었습니다. 그날의 귀빈이 그 다음이었는데 그 손님도 두 조각을 집었습니다. 그 다음이 제 차례였습니다. 저는 고기를 좋아하는 터라 세 조각을 집었습니다. 고기가 제 접시에 놓이는 그 순간 어린 크리스가 말했습니다. "오, 아빠! 세 조각은 안 돼요!"

주님께서는 우리를 겸손케 하기 위한 놀라운 방법들을 가지고 계십니다. 모든 사람이 다 웃고 있었습니다. 그 자리에 앉아 있는데, 얼굴이 벌겋게 달아오르기 시작했습니다. 저는 빨강색이 그렇게 종류가 많은지 처음 알았습니다. 한 스무 가지는 족히 되었습니다.

어린 크리스는 자기가 실수했다는 것을 깨닫고는, 어떻게든 그걸 만회하려고 했습니다.

마지막으로 나온 것이 우연히도 콘이었습니다. 크리스는 콘을 아주 좋아했습니다. 그는 자기 딴에는 고마움을 표시하고 싶었는데, 여하튼 그게 제대로 되지 못했습니다. 그러더니 말했습니다. "와, 콘이다! 드디어 내가 좋아하는 거네!"

한 가지만 더 나누도록 하겠습니다. 나를 울고 웃게 한 것입니다. 그것은 하나님께서 하시는 일을 실례로 보여 줍니다. 하나님께서는 모든 삶의 환경 속에서 우리를 신실하게 인도하신다는 것입니다.

한 친구가 우리 가족에게 여름휴가 때 사용하라고 스페인 해안에 있는 한 아파트를 제공해 주었습니다. 우리는 차를 몰아 그곳으로 갔습니다. 아이들이 그때에는 어렸고, 한 아이만 수영을 할 줄 알았습니다. 그래서 우리는 작은 완장형 튜브(수영을 처음 배우는 사람이 팔에 끼는 수영 보조 기구)를 몇 개 샀습니다. 물속에서 아이들을 뜨게 해줄 수 있도록 말입니다.

해변에 나간 첫째 날, 우리는 아주 즐거운 시간을 보냈습니다. 우리는 싸 간 도시락도 먹고, 아이들은 물속에서 첨벙거리며 아주 재미있게 놀았습니다. 아이들은 처음에는 무서워서 약간 겁을 먹었으나 이내 익숙해졌습니다. 시간이 훌쩍 지나갔습니다. 우리는 서둘러 짐을 챙겨 차에 싣고 아파트로 돌아왔습니다. 그런데 짐을 풀어 보니 완장형 튜브가 없었습니다. 아내의 기억으로, 짐을 꾸리는 동안 그 튜브들을 차 위에 올려놓았다는 것입니다. 그래서 아내는 다시 차를 몰아 찾으러 갔고, 그 사이에 제가 아이들을 돌봤습니다. 아내는 눈물을 글썽이며 돌아왔습니다. 아무 데에도 없었습니다. "우리 휴가는 다 망쳤네요.… 우리 애들은 수영을 배우지 못하겠네요.… 걔들은 물을 무서워할 거에요.…"

이틀 후에 보니 우리 아이들은 전부가 스스로 수영을 하고

하나님의 사람의 태도 89

있었습니다.

때로 하나님께서는 여러 환경을 통하여 우리를 인도하셔서 우리에게서 소도구들을 없애 버리십니다. 하나님만이 유일하게 남은 것이 될 때까지 말입니다. 그리고 나서 하나님께서는 전에 우리가 결코 해본 적이 없는 일들을 그분과 함께 하라고 우리에게 가르쳐 주십니다.

우리는 심령이 가난할 때 오히려, 무한하신 하나님으로부터 무한한 자원을 끌어와 쓸 수 있게 됩니다.

야고보는 이렇게 권면했습니다.

> **내 형제들아, 너희가 여러 가지 시험을 만나거든 온전히 기쁘게 여기라.** (야고보서 1:2).

다른 번역본으로 읽어 보겠습니다.

> 내 형제들이여, 온갖 시련과 유혹이 여러분의 삶에 몰려올 때 그것들을 침입자로 여겨 분내지 말고, 친구로서 환영하십시오! (필립스 역).

그렇습니다. 우리가 맞이하는 모든 환경, 모든 시련을 친구로서 환영합시다. 하나님께서는 우리에게 겸손을 가르치고 계십니다.

묵상 및 적용

1. "우리가 가지고 있는 '사랑'의 양은 '겸손'의 양에 정비례합니다"(65쪽). 당신이 다른 그리스도인들과의 관계에서 이것을 경험하였다면, 함께 나누십시오.

2. 하나님께서는 왜 교만한 자를 대적하십니까?

3. 오늘날에도 사람들이 '심령이 가난'할 수 있습니까? 그렇다면, 왜 그렇습니까? (아니라면, 왜 그렇습니까?) 당신은 어떻게 심령이 가난한 사람이 될 수 있습니까?

4. 자신의 가장 큰 약점은 무엇입니까? 가장 큰 강점은 무엇입니까? 함께 나누어 보십시오.

5. 고린도후서 3:5 말씀과 같이, 우리의 만족은 오직 우리 안에서 역사하시는 하나님으로부터 나옵니다. 당신이 '그리스도 안에서 완전한 자로' 세워지기 위하여(골로새서

1:28) 자신의 삶에서 하나님의 역사가 필요한 영역은 무엇입니까?

6. '각각 자기보다 남을 낫게 여기는'(빌립보서 2:3) 방법을 몇 가지 든다면 어떤 것이 있겠습니까?

7. "겸손은 내적 성찰을 통해 계발되거나 발견될 수 있는 성질의 것이 아닙니다. 대신, 겸손이란 자신을 한 번 바라볼 때 예수님은 백 번 바라보는 것입니다"(85쪽). 하나님께서 당신이 겸손히 자신을 낮추고 하나님을 의지하게 하신 적이 있습니까? 구체적으로 예를 들어 보십시오.

제 3 장

하나님의 사람의 확신

지금까지 말씀드린 것을 복습해 봅시다. 첫째로, '하나님의 사람의 생활방식'에 대하여 말씀드렸습니다. 그것은 굴복, 신뢰, 순종, 전달, 감사의 삶입니다. 둘째로, '하나님의 사람의 태도'에 대해 말씀드렸습니다. 그것은 심령이 가난한 것이요, 주님만을 의지하며 겸손한 것입니다.

이제 '하나님의 사람의 확신'에 대하여 말씀드리고자 합니다. 하나님의 성품과 약속에 대한 흔들리지 않는 확신입니다.

네비게이토가 오늘날 여기에 있게 된 것은 한 하나님의 사람 때문입니다. 그의 이름은 도슨 트로트맨입니다. 그는 믿음의 사람입니다. 확신의 사람입니다. 하나님과 하나님의 약속들을 믿은 사람입니다. 하나님의 약속들을 주장하는 기도 위에 이 사역을 세운 사람입니다.

오늘날 네비게이토는 전 세계에서 사역을 하고 있습니다. 공산세계의 여러 나라에도 뚫고 들어가고 있습니다. 우리가 가진 사명은 세계 모든 국가와 족속 가운데서 제자를 삼고 제자삼는 자를 세우는 것입니다. 하나님께서 우리에게 능력을 주실 때 이 사명은 능히 성취될 수 있습니다. 하나님께서는 지금 세계 곳곳에 파송 기지를 세우고 계십니다. 하나님께서 역사하고 계십니다.

제가 들은 도슨의 마지막 메시지는 '시대의 요청'이었습니다. 이것이 그가 말한 것입니다.

> 이 시대의 요청은, 예수 그리스도의 군사로 헌신한 무리들이라고 믿습니다. 그들은 예수님께서 하나님이신 것을 믿을 뿐 아니라, 그분은 약속하신 '모든' 것을 능히 이루실 수 있으며, 그분에게는 불가능이 없다는 것을 믿는 사람들입니다.

도슨은 이 믿음을 어디서 얻었습니까? 어디서 이 비전을 얻었습니까? 일꾼 배가를 통해 세계를 복음화하는 이 비전을 말입니다. 그는 그것을 하나님의 약속들에서 얻었습니다.

믿음의 학교

오늘 이 시간 아브라함에 대하여 함께 살펴보고자 합니다. 그는 믿음의 조상입니다. 하나님께서는 그에게 놀라운 약속을 주셨습니다(창세기 12:1-3 참조). 우리는 아브라함이 믿음의 학교를 거친 것을 봅니다. 많은 부분에서 여러분과 제가 지금 거치고 있는 믿음의 학교와 같습니다.

이 믿음의 학교에서, 본토를 떠나는 것은 마치 초급 과정에 들어가는 것과도 같습니다. 개인적인 약점과 실패를 다루는 것은 중급 과정을 거치는 것과 같습니다. 하나님의 말씀과 성품에 대한 믿음을 발전시키는 것은 고급 과정을 거치는 것과도 같습니다.

1. 본토를 떠나는 일에서 신뢰하고 순종함

첫째로, 우리는 본토를 떠나는 일에서 하나님을 신뢰하고 순종해야 합니다. 히브리서 11:8은 이렇게 말씀합니다.

> 믿음으로 아브라함은 부르심을 받았을 때에 순종하여 장래 기업으로 받을 땅에 나갈새 갈 바를 알지 못하고 나갔으며.

아브라함은 준비가 되어 있었습니다. 그가 떠난 환경을 살펴봅시다.

> 여호와께서 아브람에게 이르시되, "너는 너의 본토, 친척, 아비 집을 떠나 내가 네게 지시할 땅으로 가라. 내가 너로 큰 민족을 이루고 네게 복을 주어 네 이름을 창대케 하리니 너는 복의 근원이 될지라. 너를 축복하는 자에게는 내가 복을 내리고 너를 저주하는 자에게는 내가 저주하리니, 땅의 모든 족속이 너를 인하여 복을 얻을 것이니라" 하신지라, 이에 아브람이 여호와의 말씀을 좇아갔고, 롯도 그와 함께 갔으며, 아브람이 하란을 떠날 때에 그 나이 칠십오 세였더라. (창세기 12:1-4)

그는 어디로 가는지를 알지 못하였으나, 그의 본토를 떠났습니다. 친척을 떠났습니다. 아비 집을 떠났습니다. 그는 준비되어 있었습니다.

제가 스물세 살에 타이완으로 떠날 준비를 하고 있을 때입니다. 어느 날 학장님이 저를 따로 부르시더니 말씀하셨습니다. "학업을 다 마치기도 전인데 3학년 때 학교를 그만두고 선교사로 나가다니, 선교사가 무슨 애들 소꿉놀이인 줄 아는가? 일생일대의 실수를 하는 것이네." 대략 이런 충고였습니다다. 존경하는 한 그리스도인 교수님도, 제가 선교사로 나가는 것에 대하여 반대했습니다. 그분들 입장에서는 진정으로 저를 위해서 하는 조언이었습니다. 그 교수님과는 지금까지도 소중한 친구로 지내고 있습니다.

하지만 제 학업과 관련하여 사람들이 해 준 조언은 올바른 것이 아니었습니다. 한 친구가 이렇게 말한 기억이 납니다. "난 이제 네비게이토를 신뢰하지 못하겠어. 자네를 타이완으로 보낸다니 말이야."

가는 저보다도 저를 보내는 도슨에게 더 큰 믿음이 필요했을 것입니다. 이것이 '본토를 떠나는' 것입니다. 이것은 제게 무엇을 의미합니까?

레바논의 베이루트에 살고 있는 우리 선교사들이 날마다 겪고 있는 상황을 생각해 봅시다. 그들은 매일 매순간이 불확실합니다. 언제 어디서 무슨 일이 일어날지 모릅니다. 제가 여기 오기 전, 한 선교사에게서 이런 말을 들었습니다. 한 선교사 가족이 살고 있는 아파트의 5층과 6층이 총격으로 구멍투성이가 되었다고 했습니다. 다행히도 그 가족은 2층에 살고 있었습니다.

한 그리스도인이 우리 선교사들 집 아주 가까이에 상점 하나를 운영하고 있었습니다. 저는 거기서 기념품을 사곤 했습니다. 저녁이면 그는 상점을 그리스도인 모임 장소로 사용하게 내주곤 했습니다. 그런데 어느 날 밤에는 그날따라

긴장이 고조되어서 모임을 일찍 마치고 모두들 돌아갔습니다. 나중에 저녁 9시 10분에 그 장소가 폭파되었습니다.

믿음의 학교에서 첫 걸음은, 언제든지 우리의 본토를 떠나 모든 것이 불확실한 미지의 곳으로 갈 준비가 되어 있는 것입니다.

20년 전 어느 날 밤, 저는 글렌에리(네비게이토 선교회 국제 본부)를 이리저리 걸으면서 기도하고 있었습니다. 그 당시 흥분되는 일이 많이 있었습니다. 두 형제가 케냐로 가서, 케냐 사역을 개척하고, 집단 수용소에 있는 테러 집단인 마오마오족 가운데서 사역을 할 계획이었기 때문입니다. 저는 그 사역을 위해 기도하고 있었습니다. 주님께서 제게 물으셨습니다. 마치 음성으로 말씀하시는 것 같았습니다. "그런데 덕, 너는 기꺼이 갈 거니? 방금 안식년을 마치고 돌아왔고, 한두 달 있으면 네 아내가 첫 아들을 낳을 거다. 그래도 기꺼이 갈 거니?"

한 남자에게 그것은 그리 큰 값을 치르는 것은 아니었습니다. 왜냐하면 케냐로 가서 테러리스트요 살인자들인 마오마오족 가운데서 사역을 하는 선교팀의 일원이 된다는 것은 흥분되는 일이었기 때문입니다. 그들에게 그리스도를 전하여 그리스도께로 인도하고, 그들을 말씀으로 양육하고…, 생각만 해도 얼마나 흥분되는 일인지 모릅니다.

"그러나 네 아내는 어떻게 되니?" 그것은 다른 문제였습니다다. 그래서 저는 집에 돌아가서 소중한 하나님의 사람인 아내에게 그것에 대하여 말했습니다. 그 바로 1년 전 저는 아내를 타이완에 남겨 두고, 두 달 반 동안 베트남의 사이공(현 호치민)에 머문 적이 있었습니다. 아내는 제가 없는 동안 학생 센터를 짓고 있는 중국인 인부들을 감독도 하고, 게다가 학생 사역에도 참여하였고 사역의 중심이 되는 형제 자매들을 돌아보는 일도 했습니다. 그 후 우리의 첫 결혼기념일에도 저는 집에 없었습니다. 그리고 이제 사실상 이렇게 말하고 있었던 것입니다. "여보, 조금 있으면 우리 첫 아이가 태어날 텐데, 내가 없는 것에 대해 어떻게 생각해? 난 첫 결혼기념일 때도 없었는데, 첫 아기 때도 없을 거야."

우리는 그 일에 대하여 함께 기도했습니다. 주님께 이렇게 아뢰었습니다. "주님, 저희가 원하는 건 오직 언제든지 준비되어 있는 것입니다. 주님을 신뢰합니다. 도슨이나 다른 누구에게도 그것에 대해 일절 언급을 않겠습니다. 가만히 기다리고만 있겠습니다. 그것이 주님으로부터 나온 것이라면, 주님께서 그것을 이루실 것입니다."

그로부터 한 달이 좀 지나서 우리는 장인 장모님을 방문하러 갔습니다. 그때 전화가 울렸습니다. 도슨이었습니다. "덕, 내가 지금 말하는 내용을 들으면 깜짝 놀랄 걸세."

저는 속으로 웃었습니다. 하지만 지레짐작하고 싶지 않았습니다. 그래서 그가 자세히 말하기를 기다렸습니다.

하나님의 사람의 확신 99

도슨이 말했습니다. "우린 정말이지 그동안 기도를 많이 했다네. 그리고 잘 알고 있네. 그 일로 인해 당신 부부가 큰 값을 치르게 될 거라는 것도. 하지만 당신의 아시아 사역 경험을 생각하면서 우리는 당신이 케냐팀의 일원으로 함께 케냐로 가기를 원하네."

"아, 예. 우리는 그 일에 대하여 더 기도할 필요가 없습니다." 그리고 이어서 도슨에게 그간 있었던 이야기를 했습니다.

우리 부부는 함께 18년간의 결혼생활을 뒤돌아보았습니다. 저는 그 18년 중에 적어도 반절은 집에 없었습니다. 아내에게는 힘든 것이었습니다.

우리가 믿음으로 발걸음을 내딛지 못하게 막는 것이 있습니까? 나라입니까? 인간관계입니까? 집입니까? 소유물입니까? 그게 무엇입니까?

우리 부부는 결혼생활 첫 13년간 4개국에 걸쳐 열두 집을 옮겨 다니며 살았습니다. 저는 아이들을 키우면서 실수도 많이 하고 실패도 많이 했습니다. 하나하나 모든 게 제 책임입니다. 그러나 하나님께서는 자비로우시고 은혜로우십니다. 따라서 우리가 깨어 있다면, 기꺼이 배우려고 한다면, 기꺼이 실수를 인정한다면, 기꺼이 그것을 바로잡고 회복하려고 한다면, 하나님께서는 우리의 모자람과 부족함에서 나온 실수를 만회하게 하시고 채워 주십니다. 우리는 할 수 없을지라도 하나님께서는 능히 하실 수 있습니다.

아브라함과 대조적으로, 롯은 본토를 떠나지 '않은' 예입니다. 롯은 아브라함을 따라 본토를 떠났으나, 나중에 애굽에 갔다 온 후에는 아브라함을 떠났습니다. "아브람은 가나안 땅에 거하였고 롯은 평지 성읍들에 머무르며 그 장막을 옮겨 소돔까지 이르렀더라"(창세기 13:12). 흠정역에는 "그는 자기 장막을 소돔을 향해서 쳤더라"라고 되어 있습니다. 그는 소돔을 향하여 장막을 쳤고, 마침내는 소돔 성으로 들어갔습니다.

히브리서 11:15은 이렇게 말합니다.

> 저희가 나온 바 본향을 생각하였더면 돌아갈 기회가 있었으려니와.

우리는 본토를 떠날 수 있습니다. 전임 사역을 시작할 수 있습니다. 선교지로 나갈 수 있습니다. 그러나 우리는 롯이 될 수도 있습니다. 우리는 본토는 떠날 수 있으나, 우리의 여러 문제, 세상에 속한 것들에 대한 욕심과 집착, 물질주의적 정신과 마음, 삶의 안락과 쾌락에 대한 동경은 떠나지 않을 수 있습니다.

지난 세월 선교사로 살아오는 동안 롯처럼 떠나가는 사람들을 보았습니다. 소돔 성은 이른바 '출입 금지 구역'입니다. 빨간 불이 켜 있습니다. 들어가서도 지나가서도 안 됩니다.

하나님의 사람의 확신

그런데도 이렇게 말하는 사람들을 보았습니다. "아, 다만 '소돔 성'에 가보려는 것뿐입니다. 세상의 다른 면은 어떤지 보려고요." 어떤 사람은 그 안을 지나가 봅니다. 그 안에서 벌어지는 광경들을 보고 알아야 사역에 도움이 된다고 생각해서입니다. 저는 세상과 하나님 나라 사이에 양다리를 걸치고 있는 사람들을 많이 보았습니다. 그들은 세상의 가치관과 하나님 나라의 가치관이 혼합되어 있었습니다. 마치 위험한 폭발물 근처에서 놀고 있는 아이들과 같았습니다.

일단 우리의 장막을 소돔을 향하여 치기 시작하면, 우리는 바로 롯과 같습니다. 머지않아 거기서 살게 될 것입니다.

그 결과 롯에게 무슨 일이 일어났습니까? 하나님께서는 소돔을 멸하기로 작정하시고, 롯과 그 가족을 소돔 성 밖으로 이끌어 내기 위하여 천사들을 보내셨습니다. 그러나 천사들이 "우리가 소돔을 멸하려고 한다. 자, 나가자!"라고 했을 때, 롯의 대답은 "여기서 나갑시다!"가 아니었습니다. 대신 성경에서 보듯이, 그는 지체하였습니다(창세기 19:16). 그리고 그 다음에 말했습니다. "아, 그렇게는 안 되겠습니다. 산으로는 안 됩니다. 아브라함이 살고 있는 장막으로도 안 갑니다. 힘든 삶으로는 안 됩니다. 또 다른 성으로 가게 해 주십시오."

오래지 않아 롯은 그 성에서 거하기를 두려워하게 되었고, 딸들과 함께 굴에서 살기로 결정했습니다(창세기 19:30).

딸들은 아버지에게 술을 마시우고 아버지와 동침하여 각각 아들을 낳게 되었는데, 그들이 모압과 암몬 자손의 조상이 되었습니다(창세기 19:31-38). 그들은 성경 전체에 걸쳐 하나님의 대적이 되었습니다.

제가 관심을 두는 것은, 우리가 장차 생산하고 재생산하고 배가할 '것인가 아닌가'가 아닙니다. 우리는 반드시 그렇게 될 것입니다.

제가 관심을 두는 것은, 우리가 장차 '무엇을' 생산하고 재생산하고 배가할 것인가 하는 것입니다. 롯과 같은 사람들입니까, 아브라함과 같은 사람들입니까? 하나님의 적입니까, 하나님의 친구입니까? 육적인 사람들입니까, 영적인 사람들입니까? 우리는 우리와 같은 사람들을 생산하고 재생산하고 배가합니다. 세상과 친구인 사람들은 하나님의 원수입니다(야고보서 4:4).

우리는 본토를 떠났습니까? 우리는 아마도 선교지에 있을 것입니다. 그러나 우리의 생각은 어디에 있습니까? 우리의 마음은 어디에 있습니까?

우리는 결단코 본토를 떠나는 이 과정을 졸업할 수 없습니다. 이 학급에서 우리는 평생을 보내게 됩니다. 저는 늘 이러한 유혹을 맞닥뜨려야 했습니다. 그것은 알아차리기 힘들 때가 많습니다. 그러나 그것은 항상 거기에 있습니다.

2. 약점과 실패에도 불구하고 신뢰하고 순종함

아브라함이 배워야 했던 그 다음 교훈은 약점과 실패 가운데서 신뢰하고 순종하는 것이었습니다.

갈라디아서 6:5은 이렇게 말씀합니다.

> 각각 자기의 짐을 질 것임이니라.

우리 각 사람은 각자 자신의 짐을 져야만 합니다. 각자 져야 할 짐들이 있습니다. 약점일 수도 있고, 결점일 수도 있고, 실수나 실패일 수도 있습니다. 우리 중 아무도 완전하지 않기 때문입니다. 몇 년 전 제가 사랑하고 존경하는 한 선교사와 함께 사역을 한 적이 있었습니다. 한번은 그가 얼굴에 눈물을 흘리며 말했습니다. "나는 내가 어떤 사람인지를 알고 있네. 그리고 나의 그런 모습이 싫다네."

우리는 자신이 어떤 사람인지 알고 있습니까? 그리고 자신의 그런 모습이 싫습니까?

아브라함은 자기가 어떤 사람인지를 알고 있었고, 자기의 그런 모습이 싫었을 것입니다. 창세기 12:10-20에 보면, 그는 아름다운 아내인 사라와 함께 애굽으로 갔습니다. 애굽 사람들은 사라를 보자마자 바로의 문을 두드리며 말했습니다. "세상에서 가장 아름다운 여인이 여기 있습니다!" 그들이 그러고 있는 동안, 아브라함은 자기 아내에게 간곡히 부탁하고 있었습니다. 사라더러 자기 누이동생이라고 말해 달라고 했습니다. 그러면 자기가 죽임을 당하지 않을 것이라고 했습니다. 그는 바로를 속였습니다. 바로는 사라를 바로의 궁으로 취하여 들였습니다. 그러자 그 일로 인하여 바로와 그 집에 큰 재앙이 내렸습니다. 바로는 뭔가가 잘못되었다는 것을 깨달았습니다.

바로가 조사를 해보니, 아브라함이 겁을 먹고 자기에게 거짓말하고 속인 것이었습니다.

그런데 아브라함의 그런 모습은 거기서 멈추지 않았습니다. 창세기 20장을 보면, 여러 해가 지나 이삭이 태어나기 약 10개월 전에도 똑같은 일이 일어났습니다. 이번에도 아브라함은 자기만 화를 면하려고 아비멜렉 왕에게 동일한 거짓말을 했습니다. 이삭이 역사의 무대에 등장하기 얼마 전, 하나님께서 약속을 이루시기까지 1년도 안 남은 때의 일이었습니다.

아브라함과 똑같이, 우리 역시 함께 살아가야 할 약점을 지니고 있습니다. 저는 제가 함께 살아가야 할 약점이 있고, 저는 그 약점을 좋아하지 않습니다. 저는 완전하지 않습니다. 우리 중 아무도 완전하지 않습니다. 각 사람은 자신의 짐을 져야만 합니다.

그러나 우리의 약점은 도리어 우리의 삶에서 놀라운 일을 할 수가 있습니다! 약점은 우리의 삶 속에 겸손과 인내와 다른 사람에 대한 이해와 용납 등 귀한 인격을 계발시켜 줄 수도 있습니다. 또한 우리에게 다른 사람들을 온유하게 대할 것을 가르쳐 주기도 합니다. 자신의 삶 속에도 뿌리 깊은 약점이 있다는 것을 알기에 그러는 것입니다. 약점은 사랑과 믿음을 낳을 수도 있습니다.

그 일이 있고 난 후에 아브라함은 기도했습니다(창세기 20:17). 일을 올바로 분별하게 되었습니다. 바로 기도를 통해서입니다. 그러고 나서 사라는 잉태했고, 아들을 낳았습니다(창세기 21:1-2).

이 시점에서, 아브라함은 가슴을 활짝 펴고 이렇게 말할 수 없다는 것을 잘 알고 있었습니다. "자, 나의 믿음, 나의 강점이 바로 이 일을 하였소. 나는 하나님의 사람이오. 우리가 한 일을 보시오."

그가 고개를 저으며 할 수 있는 말은 오직 이것뿐이었을 것입니다. "아, 모든 게 하나님의 사랑과 자비와 은혜입니다." 영광을 받으실 분은 오직 하나님뿐이십니다.

조지 워싱턴은 아홉 개의 주요한 전투를 했는데, 그중 승리한 것은 세 개뿐입니다. 하지만 그는 그 전쟁을 이겼습니다. 저 역시 제 약점의 영역에서 많은 전투를 하고 있고, 그중 많은 전투를 집니다. 그러나 예수 그리스도로 말미암아 제가 그 전쟁을 이길 것을 압니다. 바로 아브라함이 그랬듯이 말입니다.

우리는 자신의 약점과 함께 살면서 여전히 하나님을 믿을 수 있습니까? 하나님께서는 우리의 약점보다 크십니까? 하나님의 신실하심은 우리의 약점보다 큽니까? 그리스도의 은혜는 우리의 약점보다 큽니까?

한편 어떤 사람들은 놀라운 강점을 지니고 있습니다. 몇 년 전 제가 체코슬로바키아에서 만난 사람은 아브라함과 대조가 되는 사람입니다. 그는 그리스도를 위하여 감옥에서 5년을 보냈습니다.

그는 크고 오래된 곰 인형같이 생겼습니다. 그 아내도 그렇습니다. 그들과 그 가족은 아주 따뜻하고 사랑이 넘치는 사람들입니다. 그들은 항상 서로 껴안아 줍니다.

이런 사랑스런 사람이 그리스도를 위하여 감옥에 가야 했고, 5년 동안 가족과 헤어져 있어야 했습니다. 그는 1년에 한 번만 가족을 볼 수가 있었습니다. 면회를 가서 마주앉아도 그들은 테이블 양 끝에 앉아서 대화를 해야 했습니다. 그래서 서로 손이 닿을 수가 없었습니다.

철통같이 경비가 삼엄한 감옥에서 2년 동안 중노동 형을 살았습니다. 그러던 어느 날 새벽 한 시에 교도소장실로 불려 갔습니다. 소장이 그를 안락한 고급의자에 앉히고는 시가 한 대를 건넸습니다. 그는 거절했습니다. 그는 의아한 표정으로 소장에게 물었습니다. "도대체 뭘 하시려는 거죠?"

교도소장이 그에게만 은밀히 이야기한다면서 이렇게 말했습니다. "내가 당신의 기록을 자세히 살펴보았는데, 아무 죄가 없다는 것을 알고 있소. 내게 한 가지 계획이 있는데, 잘만 하면 당신은 2주 만에 자유의 몸이 되어 가족에게로 돌아갈 수 있소."

그의 눈에 눈물이 흐르더니, 온몸이 떨리기 시작했습니다.

교도소장이 말했습니다. "당신이 할 것은 간단합니다. 다른 죄수와 함께 다른 감방으로 옮기는 겁니다. 우리는 그가 다른 나라의 정보요원이라 믿고 있소. 나는 당신이 그리스도인이고 충성스러운 시민인 걸로 알고 있소. 당신이 할 일은 단지 2주 동안 그가 하는 모든 말을 나에게 보고하는 것이오. 그러면 당신은 석방되어 자유의 몸이 될 것이오."

그 형제는 교도소장을 쳐다보며 말했습니다. "하지만 당신이 내가 그리스도인이라 믿고 있다면, 내 한 몸 편하자고 남을 희생시킬 수는 없다는 걸 알고 있을 겁니다."

이 말에 교도소장이 크게 화를 내면서 고함을 치고 고래고래 소리를 지르며 말했습니다. "도대체 당신은 뭐하는 사람이요? 가족은 생각지도 않소? 그들이 뭘 겪고 있는지 모르시오? 당신은 어느 나라 국민이요? 조국에 불충하는 거요!"

그 사랑하는 형제는 교도소장을 붙잡고 말했습니다. "당신이 내가 그리스도인이라는 것을 알고 있다면, 내 한 몸 편하자고 남을 희생시킬 수는 없다는 것도 잘 알고 있을 겁니다. 나를 감방으로 다시 돌려보내 주시오!" 그래서 그는 3년 넘게 감옥에서 더 보내게 되었습니다. 말씀의 원리 때문에 말입니다.

저는 동유럽의 형제 자매들로부터 많은 것을 배웠습니다.

우리는 약합니다. 그러나 그리스도로 말미암아 강하게 될 수 있습니다.

혹 우리 자신이 더 편해지려고 누군가를 이용하고 있지는 않습니까? 우리의 조직에서 누가 누구를 섬기고 있습니까?

3. 하나님의 성품과 말씀을 신뢰하고 순종함

아브라함은 창세기 22장에서 성숙한 믿음의 최종 과정을 시작하게 되는데, 하나님의 성품과 말씀을 신뢰하고 순종하는 것이었습니다.

> 그 일 후에 하나님이 아브라함을 시험하시려고 그를 부르시되 "아브라함아" 하시니, 그가 가로되 "내가 여기 있나이다." 여호와께서 가라사대 "네 아들, 네 사랑하는 독자 이삭을 데리고 모리아 땅으로 가서 내가 네게 지시하는 한 산 거기서 그를 번제로 드리라." 아브라함이 아침에 일찍이 일어나 나귀에 안장을 지우고 두 사환과 그 아들 이삭을 데리고 번제에

쓸 나무를 쪼개어 가지고 떠나 하나님의 자기에게
지시하시는 곳으로 가더니. (창세기 22:1-3)

　이것은 우리가 겪을 수 있는 시험 중에 가장 큰 시험에 속합니다. 우리의 가장 귀한 것을 잃는 시험입니다. 우리의 사랑하는 자녀 중 하나를 잃는 시험일 수도 있습니다. 여기에 '나는 이런 어려운 시험은 결코 당하지 않을 것이다'라고 장담할 수 있는 분이 계실까요?
　그리고 그런 시험이 올 때에, 우리는 하나님께로 돌아가는 것 외에는 갈 곳이 아무데도 없다는 것을 발견합니다. 우리는 하나님께로 돌아가야 합니다. 하나님의 말씀으로 돌아가야 합니다. 나아가 하나님의 성품으로 돌아가야 합니다. 그리하여 이렇게 말하는 것을 배울 수 있어야 합니다. "주 하나님, 저는 하나님께서 저의 아버지이심을 알고 있나이다. 그러기에 모든 것이 형통하나이다."
　이것이 맹목적인 믿음일까요? 이것이 맹목적일 때는 오직 우리가 하나님을 보지 못할 때입니다. 오직 하나님을 알지 못할 때에만 맹목적입니다. 그러나 하나님을 보고 하나님을 아는 사람들은 맹목적인 믿음을 갖고 있지 않습니다. 다만 모든 것을 다 알고 있지 못할 뿐입니다. 그게 전부입니다. 똑똑하지 않아서 그것을 논리적으로 설명할 수는 없을 수도 있습니다. 그러나 자신이 믿고 의지하는 분을 알고 확신하고 있습니다.

> 이를 인하여 내가 또 이 고난을 받되 부끄러워하지 아니함은 나의 의뢰한 자를 내가 알고 또한 나의 의탁한 것을 그날까지 저가 능히 지키실 줄을 확신함이라. (디모데후서 1:12)

우리는 자신이 믿고 의지하는 분을 알고 있습니까? 정말로 아주 잘 알고 있습니까? 그리하여 무슨 일이 일어나도 그분이 능히 지키실 줄을 확신하고 있습니까?

아내가 암으로 아주 쇠약해져 가고 있을 때입니다. 오직 기적만이 아내를 살릴 수 있었습니다. 침실에 들어가 문을 닫고는 무릎을 꿇고 하나님과 정말 솔직하게 대화를 나누었던 일이 기억납니다. 저는 종교적인 언어를 사용하지 않았습니다. 성경 구절들을 인용하지 않았습니다. 제가 정말로 느끼고 있는 것을 하나님께 있는 그대로 솔직하게 말씀드렸습니다.

저는 하나님께 이렇게 말씀드렸습니다. "주님께서 이 일을 하고 계시는 것이 저를 훈련시키기 위한 것이라면, 저는 관심 없습니다. 주님께서 이 일을 하고 계시는 것이 제가 더 훌륭한 주님의 종이 되도록 하기 위한 것이라면, 저는 관심 없습니다. 주님께서는 돌들 가운데서도 주님의 종들을 불러일으키고 세우실 수 있습니다. 주위에는 저보다 더 잘할 수 있는 이들이 많이 있습니다. 제가 하는 일을 하고 싶어 하는 이들도 상당수 있습니다. 저는 사임하겠습니다. 저는 아내를 원합니다. 다른 것에는 관심이 없습니다."

하나님께서 제게 뭐라고 말씀하셨는지 아십니까?

"그래, 난 다 이해할 수 있단다. 자, 질문 하나 하마. 내 영광은 어떻게 되는 거니?"

하나님께서 여러분에게 그러한 질문을 하시면, 뭐라고 대답하겠습니까? 저는 이렇게 말씀드렸습니다. "주님, 질문 하나라 하셨는데, 그건 사실 유일한 질문입니다.… 주님, 할 말이 없습니다."

저는 병원으로 가서 아내에게, 무슨 일이 있었는지를 이야기했습니다. 그랬더니 아내가 눈물을 글썽이며 말했습니다. "여보, 저도 오늘 똑같은 일을 겪었어요."

하나님의 성품과 하나님의 말씀에 대한 믿음으로 말미암아 신뢰하고 순종하는 데 이른 사람은 하나님과 친밀한 관계를 맺게 됩니다. 그리하여 아브라함은 '하나님의 벗'이라 불림을 받았습니다. "그러나 나의 종 너 이스라엘아, 나의 택한 야곱아, 나의 벗 아브라함의 자손아"(이사야 41:8).

앞에서도 말씀드렸듯이, 신뢰한다는 것은 단순히 말하면, '누군가와의 관계에서 그 친구 됨과 온전함을 믿고 의지하는 것'입니다.

저는 여러분이 당하는 시험이 무엇인지 모릅니다. 여러분은 이렇게 말할 수도 있습니다. "당신은 제가 모르는 것에 대하여 이야기하고 있군요." 하지만 그렇지 않습니다. 예, 저는 여러분이 경험하지 않은 것을 경험했습니다. 아내를 잃었습니다. 여기 계신 분들 중에 어떤 이들은 자녀를 잃었습니다. 그러나 저는 그것을 말하고 있는 게 아닙니다. 우리가 인생길을 가면서 지금 맞이하고 있거나 또는 앞으로 맞이하게 될 시험이 무엇이든 그 시험에 대해 말하고 있는 것입니다.

우리는 하나님의 성품을 신뢰할 수 있습니까? 그분의 '벗됨'을 신뢰할 수 있습니까? 그분의 '말씀'을 신뢰할 수 있습니까? 그분을 온전히 의뢰하고 그분 안에 거할 수 있습니까?

자신의 가장 귀한 보물 같은 소유를 하나님을 위하여 기꺼이 포기하겠습니까? 하나님께서 아브라함에게 요구했듯이, 만일 우리에게 요구하신다면 말입니다. 그분이 제게 요구하셨듯이 여러분에게 요구하신다면 말입니다.

여러분이 가장 귀한 보물처럼 여기는 자신의 야망을 기꺼이 포기하겠습니까? 그것은 여러분이 선교 사역에서 추구하는 어떤 목표일 수도 있습니다. 그것을 하나님의 제단에 내놓겠습니까? 하나님의 계획과 하나님의 절대주권에 무조건적으로 굴복하여 내드리겠습니까?

우리 모두는 믿음의 학교를 거치고 있습니다. 그 믿음의 학교에서, 첫째로 본토를 떠나는 것을 배웁니다. 이를 배우기 위해서는 세상과 땅에 속한 것들로부터 자신을 분리시키고 떠나는 것이 요구됩니다. 그 다음에 하나님을 신뢰하는 것을 배웁니다. 우리 자신의 약점과 실패를 다루게 됩니다. 예수 그리스도를 떠나서는 자신이 실패자라는 것을 배웁니다. 또한 우리 자신을 포함하여 우리가 사랑하고, 함께 살고, 함께 섬기는 사람들은 누구나 그 나름의 인간적 약점을 지니고 있음을 깨닫습니다. 따라서 우리의 교제라는 것이 인간적 약점을 지닌 죄인들의 교제라는 것을 배웁니다. 마지막으로, 하나님과 하나님의 성품과 하나님의 약속을 알고 신뢰하는 것을 배웁니다. 심지어 우리가 불 가운데로 지날 때에라도 말입니다.

평범한 일상을 통하여 믿음을 배움

우리는 이 교훈들을 단지 본토를 떠나 선교지로 나갈 때만 배울 수 있는 것은 아닙니다. 매일의 삶의 평범한 일상 속에서도 배울 수 있습니다. 삶에서 맞이하는 아주 작고 별 것 아닌 일처럼 보이는 것들을 통해서도, 그날그날 맞이하는 사소한 상황과 환경을 통해서도, 지나치기 쉬운 보잘 것 없는 사건들을 통해서도 주님의 교훈을 배울 수 있습니다. 우리가 애착과 집착을 갖고 있는 조그만 것들을 통해서도 주님께서는 가르쳐 주십니다. 때로 주님께서는 우리더러 그런 것들을 버리라고 말씀하십니다. 떠나라고 하십니다. 또는 우리의 작은 약점들을 통해서도 주님의 교훈을 배울 수 있습니다. 우리는 자신의 약점과 더불어 사는 법을 배울 필요가 있습니다. 남편이나 아내, 자녀들을 통해서도 배울 수 있습니다. 그리고 긴밀한 관계 가운데 함께 사역을 하는 사람들을 통해서도 배울 수 있습니다. 우리는 그들의 약점과 더불어 사는 법을 배워야 하고, 이를 통해서도 주님께서 가르쳐 주시는 교훈들을 배울 수 있습니다.

아내와 저는 우리의 약점과 함께 살며 그것을 받아들이는 법을 배워야 했습니다. 아내는 집안 살림에 관해서는 완전주의자였습니다. 실례로, 아내는 한 친구의 집에 방문한 적이 있었는데, 수납장의 수건들이 제멋대로 놓여 있는 것을 보고 일정한 방법으로 개어서 넣어 두었습니다. 그리고 그 집의 옷장이나 수납장들을 자세히 살펴 정리해 주었습니다. 친구는 무척 고마워했습니다. 아내는 모든 게 산뜻하고 깔끔하게 정리 정돈되어 있어야 직성이 풀렸습니다. 그런 사람이 저와 결혼을 한 것입니다. 저는 정리 정돈과는 아주 거리가 먼 사람이었습니다. 물건들을 여기저기 놓아두고 다녔습니다. 그래서 어떤 때는 어디에 두었는지 기억이 나지 않을 때도 있었습니다. 아내는 저를 따라다니며 치우고 뒤치다꺼리를 해야 했습니다.

우리가 결혼한 지 1년 후 어느 날 양치질을 하려고 갔더니,

작은 메모가 치약 튜브 둘레에 붙어 있었습니다. "나를 밑에서 짜 주세요." 아내는 1년 동안 저를 따라다니며 치약 튜브를 밑에서부터 짜도록 수없이 이야기했습니다. 저는 치약 튜브를 그냥 쉽게 윗부분을 눌러 짜는 습관이 있었기 때문입니다.

반면에 시간과 연관해서는 우리는 정반대였습니다. 아내는 자주 늦었습니다. 아내는 사람 중심적이었습니다. 그래서 사람들과 한번 대화를 시작하면, 금세 시간을 잊어 먹곤 했습니다. 저는 주위에 서서 기다려야만 했습니다. 우리가 첫 번째로 크게 싸운 게 바로 그 때문이었습니다. 저는 아내의 그런 특성을 용납하고 더불어 사는 법을 배워야 했습니다. 늦는 이유 중 하나가 제 뒤치다꺼리를 하고 정리 정돈하느라 그러는 것일 테니까 말입니다.

우리가 믿음의 학교에서 교훈을 배우는 것은, 또한 매일의 삶 속에서 맞이하는 다양한 시험과 작은 위기들을 통해서입니다. 너무도 자주 우리는 우리를 믿음의 사람으로 만드는 것은 큰 위기들이라고 생각합니다. 저는 그렇게 생각하지 않습니다. 제가 생각하기로는, 큰 위기들이 하는 일은 우리에게 충격을 주어 현실을 직접 마주하도록 하는 것입니다. 바로 거기에서 우리는 하나님께로 돌아가는 것 외에는 갈 곳이 아무데도 없음을 발견합니다. 그리고 하나님께서는 우리를 돕기 위하여 항상 거기에 계신다는 것을 발견합니다.

우리는 작은 위기들, 이를 테면 그날그날 하루 동안 일어나는 작은 실망들 속에서 귀한 교훈을 배우는 경우가 많습니다. 우리의 계획이 외부의 개입과 간섭으로 바뀌게 되었을 때 속상해하기보다는 그 대신 하나님을 신뢰하기를 배워야만 하는 것입니다.

오래 전의 일인데, 한번은 집에서 누나가 계단에서 굴러 떨어졌습니다. 우당탕탕 큰 소리가 났습니다. 저는 그 소리를 듣고 깜짝 놀라 뛰어 나갔습니다. 순간 '큰일 났구나! 혹시 죽은 거 아냐?' 하는 생각이 들었습니다. 누나는 엉엉 울고 있었고, 저는 달려가서 말했습니다. "무슨 일이야? 괜찮아?"

누나는 저에게 자기 손을 보여 주더니, 큰 소리로 엉엉 울면서 투덜거렸습니다. "내 예쁜 손톱이 망가졌어."

그렇습니다. 바로 그런 식입니다. 우리를 아주 상심케 하는 것은 바로 그 작은 일들입니다.

참으로 하나님께서는 큰 일들의 하나님이실 뿐 아니라 작은 일들의 하나님이시기도 합니다. 하나님께서는 우리 삶의 모든 환경 속에 개입하고 간여하기를 원하십니다. 큰 위기들뿐 아니라, 하루 동안 일어나는 작은 일들, 우리를 짜증나게 하고 화나게 하는 것들 속에도 개입하기를 원하십니다. 우리가 그 속에서 하나님께서 가르쳐 주시는 교훈을 배우려고만 한다면 얼마든지 배울 수 있습니다! 예를 들어, 주문한 커피포트가 우편으로 배달되어 왔는데 한 곳이 찌그러져 있거나 깨져 있다면 어떻게 하겠습니까? 잠시 동안이지만 우리는 믿음의 시험을 겪게 됩니다. 그때 거기서 우리의 믿음의 표현이 나옵니다. '나는 하나님을 신뢰하고 있습니다. 그래서 마음이 평안합니다. 주님께서 통치하고 계시기 때문입니다.'

하나님만 신뢰함

헨리에타 미어스는 교회 역사상 주님의 일꾼들을 가장 잘 훈련시킨 분 중 하나인데, 임종 전 이렇게 말했습니다. "제가 인생을 다시 살게 된다면, 오직 하나님만을 더욱더 신뢰하겠습니다."

도슨 트로트맨은 이런 말을 한 적이 있습니다. 많은 그리스도인들이 빌립보서 4:13 말씀을 믿고 있는데, 정말로 그 말씀대로 산 사람을 자기 생애에서 채 스무 명도 못 만났다고 했습니다.

> **내게 능력 주시는 자 안에서 내가 모든 것을 할 수 있느니라.** (빌립보서 4:13)

저는 이 말씀대로 사는 사람이 되고 싶습니다. 여러분도 그렇겠지요?

묵상 및 적용

1. 믿음으로 사는 첫 걸음은 우리의 '본토'를 떠나 모든 것이 불확실한 미지의 곳으로 가는 것이라고 했습니다(98쪽). 자신의 믿음이 테스트를 받은 경험을 한 가지 나누십시오.

2. 오늘날 우리가 믿음으로 발걸음을 내딛지 못하게 막는 것은 무엇입니까? 왜 그렇습니까?

3. 약점은 우리의 삶에 겸손, 인내, 다른 사람에 대한 이해와 용납 등 귀한 인격을 계발시켜 줄 수도 있다고 했습니다(106쪽). 자신의 삶에 약점이 많다고 생각합니까? 그중에 하나님께서 당신을 계발하기 위해 사용하실 수 있는 약점은 무엇입니까?

4. 최근에 힘들었을 때 '하나님의 얼굴'을 보고 하나님의 은혜에 감격한 적이 있습니까? 그때의 일을 다시 곰곰이 떠올려 보십시오. 하나님의 성품과 약속에서 무엇을 배웠습니까?

5. 우리는 '작은 것들'과 '삶 속의 작은 위기들'을 통하여 믿음에 대하여 배울 수 있는데도, 너무도 자주 이를 무시하고 '큰 것들'과 '큰 위기들'에 관심을 쏟는 경향이 있다고 했습니다. 이 '작은 것들'과 '작은 위기들' 속에서 자신의 믿음을 표현하기가 아주 어려운 이유는 무엇입니까? 이러한 태도를 바꾸기 위하여 할 수 있는 일은 무엇입니까?

6. 하나님과의 생명력 있는 관계는 우리가 믿음으로 발걸음을 내딛도록 어떻게 도와줍니까? 하나님과의 생명력 있는 관계를 유지하고 발전시키기 위하여 할 수 있는 것은 무엇입니까?

제 4 장

하나님의 사람의 열망

삶에서 우리의 열망은 무엇이어야 합니까? 우리가 가질 수 있는 최고, 최대의 열망은 무엇입니까? 우리가 성취하고자 하는 최고, 최대의 목표는 무엇입니까?

우리는 '지상사명(the Great Commission)'에 대하여 자주 이야기합니다. 예수님께서는 승천하시기 직전 제자들에게 "너희는 가서 모든 족속으로 제자를 삼으라"라는 지상사명을 주셨기 때문입니다. 따라서 지상사명은 가장 큰 사명이요, 가장 큰 과업이요, 가장 큰 사역입니다. 우리는 이 일을 하도록 보내심을 받았습니다.

그러나 제가 생각하기로는, '가장 큰 계명(the Great Commandment)'이야말로 우리의 삶에서 가질 수 있는 가장 높고 큰 목표요 열망입니다.

성경에서 마가복음 12:28-31에 무엇이라고 말씀하고 있는지 읽어 봅시다.

> 서기관 중 한 사람이 저희의 변론하는 것을 듣고 예수께서 대답 잘하신 줄을 알고 나아와 묻되, "모든 계명 중에 첫째가 무엇이니이까?" 예수께서 대답하시되, "첫째는 이것이니 '이스라엘아 들으라. 주 곧 우리 하나님은 유일한 주시라. 네 마음을 다하고 목숨을 다하고 뜻을 다하고 힘을 다하여 주 너의 하나님을 사랑하라' 하신 것이요, 둘째는 이것이니 '네 이웃을 네 몸과 같이 사랑하라' 하신 것이라. 이에서 더 큰 계명이 없느니라."

우리의 삶에서 최대의 목표는 하나님을 사랑하는 자가 되는 것입니다. 우리의 전 존재로 하나님을 사랑하는 것입니다. 우리의 모든 힘과 역량을 다하여 하나님을 사랑하는 것입니다. 우리의 지성을 다하고 감정을 다하고 의지를 다하여 하나님을 사랑하는 것입니다. 가장 큰 계명을 실천하는 것, 이것이 최대의 목표요 최대의 열망이 되어야 합니다.

그리고 둘째는 이것입니다. '네 이웃을 네 몸과 같이 사랑하라.'

제자의 전형적인 특징이 무엇입니까? 그것은 예수님께서

요한복음 13:34-35에서 말씀하신 대로입니다.

> 새 계명을 너희에게 주노니, 서로 사랑하라. 내가 너희를 사랑한 것같이 너희도 서로 사랑하라. 너희가 서로 사랑하면 이로써 모든 사람이 너희가 내 제자인 줄 알리라.

우리는 전 세계에서 제자삼는 일을 하고 있습니다. 하나님께서 우리에게 능력을 주시는 대로 세계 모든 나라와 족속 가운데로 들어가 그리스도의 제자를 삼는 것입니다. 전 세계 모든 나라에서 누구나 이해하는 보편적인 언어가 무엇입니까? 그것은 사랑입니다. 세계의 보편적인 필요가 무엇입니까? 그것은 사랑입니다. 우리는 그리스도의 제자를 배가하는 전 세계적인 사역에 오직 불을 붙일 뿐입니다. 우리가 할 일은 그리스도의 사랑으로 충만한 제자들을 배가하는 것입니다.

지난여름, 저는 스위스 로잔에서 열린 회의에 참석했습니다. 거기서 두 사람을 만났는데, 둘 다 러시아(구소련)의 지하교회 출신이었습니다. 그중 한 사람은 교회 지도자였습니다. 하나님께서는 기적적으로 그들을 러시아에서 나오게 하셨습니다. 물론 그들은 이젠 더 이상 다시 러시아로 돌아갈 수 없었습니다.

폴 스탠리와 제가 이 두 사람에게 말을 걸었습니다. 그들은 러시아어와 독일어만 할 수 있었습니다. 다행히 폴이 독일어를 할 줄 알았기에 독일어로 대화를 했고, 폴이 저를 위해 통역해 주었습니다. 우리는 그들에게 네비게이토에 대하여 조금 소개했는데, 즉각 깨달은 사실은 그들이 별로 관심이 없고 단지 예의상 듣고 있다는 것이었습니다.

저는 그 지도자인 사람의 마음이 다른 데 가 있다는 것을 알 수 있었습니다. 그래서 대화를 돌려 그에게 물었습니다. "우리가 당신을 위하여 기도해 줄 수 있는 게 있습니까?"

그는 '사라진' 사랑하는 친구한테서 막 받은 편지를 읽고 있던 참이었습니다. 사라졌다는 말은 그 친구가 감옥에 있다는 뜻이었고, 그는 그 편지 내용을 우리와 나누었습니다.

편지 내용을 듣고 제가 말했습니다. "사실 저는 당신과 같은 경험이 없어서 당신과 완전히 공감할 수는 없습니다." 그러면서 저는 그들에게 제 아내 이야기를 해 주었고, 그래서 사랑하는 사람을 잃는다는 것이 무엇을 의미하는지 조금은 알고 있다고 했습니다. 그런 다음 우리는 베드로전서 1장으로 돌아가서 믿음의 시련에 대하여 읽었습니다. 8절, "예수를 너희가 보지 못하였으나 사랑하는도다" 부분에 이르렀을 때, 그의 뺨에 눈물이 줄줄 흐르기 시작했습니다.

우리는 함께 기도했습니다.

우리는 사람들이 하나님과 하나님의 사랑으로 향하도록

가리켜 주어야 합니다. 그리고 그들을 사랑해야 합니다.

그 다음에 그는 제게 마음을 터놓았습니다. 손가방에서 낡은 사진첩을 꺼내더니 거기에 있는 사람들을 한 사람씩 가리키며 그들의 이야기를 해 주었습니다.

"이 사람은 13년 동안 감옥 생활을 했습니다. 그의 아내가 방금 그의 소지품을 받았습니다. 그가 감옥에서 죽었다는 뜻입니다. 그리고 이 사람은 복음 전도자로서 3년 동안 지하에서 사역을 하고 있는데, 그 사이 아내와 자녀를 한 번도 보지 못했습니다.…"

여러분도 아시다시피, 단지 우리의 비전만을 통해서는 결코 전 세계에 우리의 사역을 불붙이고 배가하지 못할 것입니다. 그런 일은 그 비전과 '함께' 그리스도의 사랑을 품고 사역을 할 때에만 일어날 것입니다. 우리의 사역은 성경 중심적인 사역입니다. 하나님의 말씀이 어떻게 이루어집니까?

> 온 율법은 네 이웃 사랑하기를 네 몸같이 하라 하신 한 말씀에 이루었나니. (갈라디아서 5:14)

하나님의 '온' 율법은, 창세기로부터 요한계시록까지, '한 말씀' 안에서 이루어집니다. 그것은 '사랑'입니다.

하나님을 사랑함

모든 신자의 가슴에 새겨져 있는 그 첫 번째 구절이 요한일서 4:19입니다.

> 우리가 사랑함은 그가 먼저 우리를 사랑하셨음이라.

하나님께로서 난 모든 사람의 가슴속에는 이 구절이 기록되어 있습니다. 머리가 아니라 가슴에 말입니다!

제가 그리스도를 영접하였을 때, 목사님 부부가 제게 해준 첫 번째 말이 뭔가 하면, "춤추러 가지 마세요. 술 마시지 마세요. 영화 보러 가지 마세요"였습니다. 저는 속으로 웃었습니다. 그 당시 친구들과 어울려 주말이면 여기저기 쏘다니며 놀기를 좋아했기 때문입니다. 예수님을 영접한 그 다음 주 토요일에도 우리는 늘 하던 대로 여기저기 다니며 놀았고, 함께 춤추러도 갔습니다. 친구들과 헤어져 집으로 걸어오면서 생각했습니다. '너는 그리스도를 사랑하니, 아니면 노는 것을 사랑하니?' 마음에 찔렸습니다. 그래서 다시는 그런 생활을 하지 않겠다고 결단했습니다. 그 후로 다시는 옛 생활로 돌아가지 않았습니다.

그리스도의 사랑이 우리의 가슴에 기록되어 있기에, 그리스도께서는 마땅히 우리 마음의 첫자리를 차지하셔야 합니다.

하나님의 사람이 되기 원하십니까? 하나님의 특성을 한 단어로 말하면 무엇입니까? '사랑'입니다. 하나님은 사랑이십니다.

이웃을 사랑함

몇 년 전 에티오피아에 선교 조사차 갔다 온 적이 있습니다. 우리가 언제 들어가야 할지 알아보려는 목적에서였습니다. 여기저기 돌아다니면서 그곳에서 사역을 하고 있는 선교사들과 이러저런 대화를 나누었습니다. 그러면서 질문을 하나 했습니다. "에티오피아인들에 대하여 말해 주십시오. 그들의 강점은 무엇입니까?" 그리고 그들의 강점을 들은 후에 다시 물었습니다. "그러면 그들의 약점은 무엇입니까?"

그중에 대학생을 대상으로 사역을 하는 두 선교사가 있었습니다. 한 선교사는 사역의 열매가 풍성했고, 한 선교사는 열매가 하나도 없었습니다.

열매가 없는 선교사는 낙심되어 깊은 실망감을 느끼고 있었습니다. 그에게 물었습니다. "저에게 에티오피아인들에 대하여 말해 주십시오. 그들은 어떻습니까? 그들의 강점은 무엇입니까?"

그는 적이 당황한 표정을 지었습니다. "강점이라… 에티오피아인들… 강점이요?" 그는 머리를 긁적이며 잠시 동안 생각에 잠겼습니다. 에티오피아인들의 강점에 대해서는 생각해 본 적이 없는 것 같았습니다. 잠시 후 그가 말했습니다. "음, 교만을 강점이라고 부른다면 강점이 있긴 하네요. 그들은 매우 교만한 사람들입니다." 그가 에티오피아인들에 대하여 말할 수 있었던 것은 그게 전부였습니다!

저는 열매가 풍성한 선교사가 운영하는 선교 센터로 말씀을 전하러 갔습니다. 거기에는 젊은 대학생들로 가득했습니다. 모임 후에 그들과 함께 대화를 나눌 기회가 있었는데, 그들이 말했습니다. "그런데 말이에요, 이 선교사님은 우리 말을 전혀 할 줄 몰라요. 그런데 우리를 사랑하지요!"

그는 그리스도의 사랑을 삶 속에서 구체적으로 체현하고 있었습니다. 심지어 전문적으로 선교 훈련을 받은 사람도 아니었습니다. 그저 하나님과 그 사람들에 대한 뜨거운 사랑의 가슴을 가지고 에티오피아로 온 평범한 그리스도인이었습니다.

모임 중에 그가 그들에게 제 아내의 병에 대하여 이야기하고, 기도 요청을 했습니다. 한 에티오피아인이 모임 후에 제게로 오더니 말했습니다. "하나님께서 제 마음에 기도의 짐을 주셨습니다. 그래서 저는 3일 간 금식하며 당신 아내를 위하여 기도할 작정입니다."

제가 그를 쳐다보며 제일 먼저 떠오른 것이 있었습니다.

'덕, 너는 아직 누군가를 위해 금식하며 기도해 본 적이 없다. 그런데 네 아내를 알지도 못하는 한 에티오피아인이, 너를 잘 알지도 못하는데, 네 아내를 위해 3일 간 금식하며 기도하기로 작정했다.'

한 에티오피아인의 사랑을 통해 주님께서는 제게 이웃을 사랑하는 법을 가르쳐 주셨습니다.

사랑은 다이내믹합니다. 그것도 아주 다이내믹합니다. 그리스도의 제자가 되기 위해서는, 그리스도를 섬기기 위해서는, 하나님의 사람이 되기 위해서는 다른 길은 없습니다. 사랑이 절대적으로 필요합니다. 사랑은 가장 큰 보편적 필요입니다.

저는 여기저기 선교 여행을 할 때마다 간단한 조사를 하곤 합니다. 아시아인들, 아프리카인들, 유럽인들에게 물었습니다. "여러분이 알고 있는 가장 훌륭한 선교사는 누구입니까?" 하고 말입니다. 이런저런 사람들의 이름이 나왔습니다. 그리고 의문의 여지가 없이 그들의 공통점은 사랑이었습니다. 가장 훌륭한 선교사는 사람들을 가장 사랑하는 사람이었습니다. 그들 역시 약점과 결점이 많이 있을 수 있습니다. 그러나 그들은 사랑에서 뛰어난 사람들입니다.

우리의 삶은 성경 말씀을 적용하고 실천하는 삶입니다. 그러면 성경 말씀을 어떻게 적용하고 실천합니까? 우리 이웃을 우리 자신처럼 사랑하는 것입니다. 사랑은 율법의 완성입니다(로마서 13:10). 사랑은 율법을 이룹니다. 사랑은 하나님을 나타냅니다.

처음 사랑을 회복함

예수님께서 사랑에 대하여 말씀하신 것을 봅시다. 요한계시록 2:1-5입니다.

> 에베소 교회의 사자에게 편지하기를 오른손에 일곱 별을 붙잡고 일곱 금 촛대 사이에 다니시는 이가 가라사대, "내가 네 행위와 수고와 네 인내를 알고, 또 악한 자들을 용납지 아니한 것과 자칭 사도라 하되 아닌 자들을 시험하여 그 거짓된 것을 네가 드러낸 것과 또 네가 참고 내 이름을 위하여 견디고 게으르지 아니한 것을 아노라. 그러나 너를 책망할 것이 있나니 너의 처음 사랑을 버렸느니라. 그러므로 어디서 떨어진 것을 생각하고 회개하여 처음 행위를 가지라. 만일 그리하지 아니하고 회개치 아니하면 내가 네게 임하여 네 촛대를 그 자리에서 옮기리라."

예수 그리스도께서 교회들 사이에 다니고 계셨습니다. 이 구절에서 주님께서는 에베소 교회 사이에 계셨습니다.

예수 그리스도께서는 오늘날에도 여전히 그리스도인들 사이에 다니고 계십니다. 그분은 모든 것을 아십니다. 우리의 모든 행위를 아십니다. 우리의 모든 수고를 아십니다. 우리의 마음속 가장 깊은 곳에 있는 비밀까지도 아십니다. 우리의 중심을 보시고 아십니다. 우리가 일차적으로 무엇에서 동기부여를 받는지를 아십니다. 자기 사랑에서 동기부여를 받는지, 아니면 주님 사랑에서 동기부여를 받는지를 다 아십니다.

예수님께서는 에베소의 그리스도인들에게 이렇게 말씀하셨습니다. "내가 네 수고를 아노라." 여기서 '수고'라는 말은 헬라어로 '부지런한 수고'를 뜻합니다. 단순한 노동의 차원을 넘어 고통스러운 노동을 동반한 최선의 삶을 가리킵니다. 몹시 지치고 힘이 고갈될 때까지 힘을 들여 애써 일하는 것입니다.

저는 전 세계를 여행하며 네비게이토 간사들을 많이 만났습니다. 그들은 정말이지 부지런했습니다. 많은 시간을 주님을 위해 헌신적으로 수고하고 있었습니다. 때로는 그것이 지나쳐서 자신에게 해가 될 정도였습니다. 그리고 주님께서는 그들을 주님의 일에 쓰고 계셨습니다. 주님께서는 자신의 모든 것을 바쳐서 열심히 수고하는 자들을 아주 귀하게 쓰십니다. 그렇습니다. 저는 쉽고 편히 살고 있는 네비게이토들을 만난 적이 결코 없습니다. 그들은 그들의 삶을 통해 사람들에게 진실로 중요한 영향을 주고 있었습니다.

'인내'는 헬라어로 적극적인 참음을 뜻합니다. 수동적인 참음이 아니라, 능동적인 참음입니다. 이 단어는 아무리 큰 시련과 고난이 와도 본래의 목표와 방향에서 벗어나지 않고 적극적으로 극복해 나가는 확고부동한 그리스도인들에게 사용됩니다. 그들은 분명한 목표를 가지고 있습니다. 언제나 한 가지 생각만 합니다. 꾸준히 한 길로 계속 앞으로 나아갑니다. 끝까지 참고 견디어 냅니다.

나폴레옹을 이긴 웰링턴 공작은 이렇게 말했습니다. "나의 군사들이 적보다 더 강한 건 아니었습니다. 다만 5분 더 용감했을 뿐입니다."

에베소의 그리스도인들은 열심히 수고했습니다. 인내하였습니다. 정통 교리를 가지고 있었습니다. 그러나 예수님께서는 이 놀라운 덕목들에 대하여 칭찬하신 후 이렇게 말씀하셨습니다. "그러나 너를 책망할 것이 있나니 너의 처음 사랑을 버렸느니라."

자, 우리는 '처음 사랑'을 어떻게 회복합니까? 우리가 그것을 버렸다면 어떻게 압니까?

요한계시록 2:5에서, 우리가 해야 할 첫 번째가 '생각'하는 것입니다. 생각한다는 말에는 헬라어로, 계속하여 생각하고 회상한다는 의미가 담겨 있습니다. 돌이켜 보고 기억하라는 것입니다.

그러므로 어디서 떨어진 것을 생각하고 회개하여 처
음 행위를 가지라.

하나님께서는 우리에게 기억을 주셨습니다. 이것은 놀라운 선물입니다. 기억하십시오. 우리의 기억 속에, 그리스도인의 삶의 경험 속에서, 우리가 지금보다 더 주님을 사랑했던 때가 있습니까? 그때를 기억하십시오.

그 다음으로 할 것이 '회개'하는 것입니다. 회개란 마음의 근본적인 변화입니다. 그것은 우리의 삶에 영향을 줍니다.

그 다음에 예수님께서는 계속하여 말씀하십니다. "처음 행위를 가지라." 처음에 하던 일들을 다시 하라는 것입니다. 처음 사랑으로 돌아가 그때 행하던 일들을 하라는 것입니다. 아시다시피, 처음 사랑은 말과 감정으로 회복되지 않고, '행위'로 됩니다. 사랑은 행위를 통하여 살아납니다. 처음 행위를 가지십시오. 자신이 주님을 가장 사랑하던 때로 돌아가 그때 행하던 것을 다시 행하십시오.

사랑에서 성숙함

자, '처음 사랑'은 놀라운 시작입니다. 그것은 신선합니다. 새롭습니다. 단순합니다. 투명합니다. 살아 있어 즉각 반응

합니다. 그렇습니다. 마땅히 언제나 그렇게 유지되어야 합니다. 그러나 우리는 뒤를 바라보고만 있어서는 안 됩니다. 앞을 바라보아야 합니다. 언제까지나 처음 사랑에 계속 머물러 있을 수는 없습니다. 계속 그 사랑 안에서 더욱더 성장하고 성숙해 나가기를 간절히 사모해야 합니다.

더 깊이 파고들기 전에 먼저, 우리가 사랑에서 성숙한지를 알아보기 위하여 자신을 테스트해 봅시다. 요한일서 4:18은 이렇게 말씀합니다.

> 사랑 안에 두려움이 없고 온전한 사랑이 두려움을 내어 쫓나니, 두려움에는 형벌이 있음이라. 두려워하는 자는 사랑 안에서 온전히 이루지 못하였느니라.

삶은 온갖 근심 걱정과 염려, 두려움으로 가득 차 있습니다. 삶은 다이내믹하기 때문입니다. 우리가 지금 예수님 안에서 성장하고 있다면, 온갖 것이 구름처럼 우리 삶 속으로 몰려와 우리에게 염려와 두려움을 일으킬 것입니다. 실패의 두려움, 죄의식의 두려움, 어려운 환경의 두려움 등 헤아릴 수 없이 많습니다. 우리는 두려움과 염려를 어떻게 다룹니까?

1974년을 시작하면서 주님께서는 제게 말씀하셨습니다. "이 구절이 딱 너를 위한 거다." 시편 46:1-3 말씀이었습니다.

하나님은 우리의 피난처시요 힘이시니
환난 중에 만날 큰 도움이시라.
그러므로 땅이 변하든지
산이 흔들려 바다 가운데 빠지든지
바닷물이 흉용하고 뛰놀든지
그것이 넘침으로 산이 요동할지라도
우리는 두려워 아니하리로다(셀라).

저는 말씀드렸습니다. "아니, 주님. 두려움과 염려의 한 해라니요. 그건 안 됩니다."

주님께서 말씀하셨습니다. "그래. 하지만 보아라. 나는 환난 중에 '만날' 큰 도움이니라." 주님께서는 우리가 어려움을 당할 때마다 항상 우리를 돕는 분이시다, 어려운 고비마다 늘 우리 곁에 계시는 구원자이시다, 고통당할 때 바로 눈앞에 있는 도움이시다, 우리가 어려울 때 언제나 즉시 도우시는 분이시다, 이런 의미입니다.

저는 두려워하는 것은 잘못된 것이라고 생각하곤 했습니다. 사실 저는 요한일서 4:18 말씀을 싫어했습니다. 강한 거부감을 가지고 있었습니다. 저로 하여금 패배감을 느끼게 하였기 때문입니다. 그 구절은 주님 안에 있는 저의 기쁨과 밝고 감사하는 마음을 제게서 앗아갔습니다. 저는 이렇게 생각하곤 했기 때문입니다. "나는 결코 온전한 사랑을 소유하지 못할 거야. 두려움과 불안으로 가득 차 있으니 말이야."

그 다음에 그 구절을 더 자세히 살펴보고 나서 깨닫게 된 점은 두려워하는 것은 잘못된 게 아니라는 사실이었습니다. 염려하는 것은 잘못된 게 아닙니다. 두려워하는 것은 우리의 본성입니다. 삶과 환경은 우리에게 온갖 두려움과 염려거리를 들이밀며 강요할 것입니다. 요한일서 4:18은 사랑이 그것들을 내어 쫓는다고 말씀합니다. 따라서 두려움과 염려거리들은 당연히 거기에 있습니다. 그것들이 거기에 있는 것은 잘못된 게 아닙니다.

다만 두려움과 염려 속에 빠져 '계속' 그 가운데 머물러 있을 때에만 잘못된 것입니다. 그것들을 내어 쫓으십시오! 온전한 사랑은 두려움을 내어 쫓습니다.

아내가 투병 중에 있을 때인데, 어느 날 제게 시 하나를 보여 주었습니다. 온전한 사랑이 두려움을 내어 쫓는다는 이 구절에 대하여 쓴 시였습니다.

> 때로 밤에 어둠의 그림자 드리울 때면,
> 두려움이 마음속에 슬며시 들어와,
> 지금까지 누리던 모든 평안 어지럽힌다.
> 두려움은 원수가 쏘아 대는 화살.
>
> 그때 두려움에서 몸을 돌려,

나의 눈을 위엣 것에 고정시키면,
주님 말씀이 내 영혼에 또렷이 들린다.
"사랑에는 두려움이 없단다."

"나의 온전한 사랑은 두려움을 능히 내어 쫓는다.
나의 약속은 여전히 참되단다.
두려움과 사랑은 둘이 함께
네 안에 거할 수 없단다."

"나의 사랑은 아주 불완전합니다. 주님."
주님께서 대답하신다. "그래. 그건 사실이다.
그러나 내가 내 영을 보냈단다.
내 사랑을 네 속에 부어 주려고."

 사랑은 하나님의 성령의 초자연적인 역사입니다. 우리는 오직 성령에 의해서만 두려움을 내어 쫓을 수 있습니다. 성령은 우리 안에 살아 계셔서 우리에게 하나님의 사랑을 증거하십니다. 그것은 우리가 그리스도 안에, 그리고 그분의 사랑 안에 거하는 것이 필요하다는 뜻입니다.
 자 그러면, 우리가 어떻게 사랑 안에서 성숙해져 갑니까? 요한일서 4:12-18은 이렇게 말씀합니다.

어느 때나 하나님을 본 사람이 없으되 만일 우리가 서로 사랑하면 하나님이 우리 안에 거하시고 그의 사랑이 우리 안에 온전히 이루느니라. 그의 성령을 우리에게 주시므로 우리가 그 안에 거하고 그가 우리 안에 거하시는 줄을 아느니라. 아버지가 아들을 세상의 구주로 보내신 것을 우리가 보았고 또 증거하노니, 누구든지 예수를 하나님의 아들이라 시인하면 하나님이 저 안에 거하시고 저도 하나님 안에 거하느니라. 하나님이 우리를 사랑하시는 사랑을 우리가 알고 믿었노니 하나님은 사랑이시라. 사랑 안에 거하는 자는 하나님 안에 거하고 하나님도 그 안에 거하시느니라. 이로써 사랑이 우리에게 온전히 이룬 것은 우리로 심판 날에 담대함을 가지게 하려 함이니 주의 어떠하심과 같이 우리도 세상에서 그러하니라. 사랑 안에 두려움이 없고 온전한 사랑이 두려움을 내어 쫓나니 두려움에는 형벌이 있음이라. 두려워하는 자는 사랑 안에서 온전히 이루지 못하였느니라.

사랑 안에서 성숙하기 위해 꼭 필요한 것이 세 가지가 있습니다. 첫째는 하나님의 사랑을 아는 것입니다(16절). 둘째는 하나님의 사랑을 믿는 것입니다(16절). 셋째는 다른 사람들을 사랑하는 것입니다(12절).

1. 하나님의 사랑을 앎

우리가 어떻게 하나님의 사랑을 압니까? 함께 하나님을 묵상해 봅시다.

요한일서 4:8과 4:16에서는 '하나님은 사랑'이시라고 말씀합니다. 하나님은 사랑이십니다.

사랑의 모든 완전한 것이 하나님 안에서 발견됩니다. 그러므로 하나님께서는 사랑하기에 가장 크신 분이신 동시에 가장 쉬운 분이십니다. 이 사실에 대해 생각해 본 적이 있습니까?

하나님께서 사랑하기에 가장 크시고 가장 쉬운 분이신 까닭은 사랑의 모든 완전한 것이 하나님 안에 있기 때문입니다. 따라서 우리는 꼭 그분을 알아야만 합니다.

아내가 빌리 그래함 팀과 함께 영국에 있을 때의 일입니다. 저와 결혼하기 위하여 타이완으로 오기 전입니다. 당시 우리는 멀리 떨어져 있어서 우리의 로맨스는 편지로 이루어지고 있었습니다. 그래서 아주 전통적이고 보수적인 영국인들이 아내에게 이렇게 말하곤 했습니다. "그렇다면 당신은 잘 알지도 못하는 남자와 결혼할 예정이라는 뜻이군요. 단둘이 만나 본 적도 없고, 데이트도 해본 적 없는 사람과 말이에요. 그렇죠? 그건 아주 비정상이에요!"

그러면 아내는 베드로전서 1:8로 돌아가곤 했습니다.

> 예수를 너희가 보지 못하였으나 사랑하는도다. 이제도 보지 못하나 믿고 말할 수 없는 영광스러운 즐거움으로 기뻐하니.

우리는 많은 편지를 주고받았습니다. 편지로 서로를 알아 갔습니다.

그리고 이것이 우리가 하나님을 알아 가는 방법이기도 합니다. 우리는 사랑의 하나님을 개인적으로 친밀하게 알아 가야 합니다. 오로지 하나님과 하나님의 사랑을 발견하려는 목적으로만 성경을 공부해 본 적이 있습니까? 그리스도께서 여러 상황 속에서 어떻게 사랑을 나타내시는가를 알아보려는 목적으로만 복음서를 읽어 본 적이 있습니까? 우리는 하나님의 사랑 안에서 성숙해져 가야 합니다. 그러기 위해서는 하나님의 사랑을 알고, 하나님을 알아 가야 합니다. 그리고 우리는 말씀을 통하여 그 일을 합니다.

하나님의 사랑 안에서 하나님을 알아 가는 또 하나의 방법이 있습니다. 그것은 다른 사람들 안에 있는 하나님의 사랑을 깨닫는 것입니다. 하나님께서는 다른 사람들을 통하여 우리에게 사랑을 베풀기도 하십니다. 요한일서 4:12에서 이렇게 말씀합니다.

> 어느 때나 하나님을 본 사람이 없으되, 만일 우리가

서로 사랑하면 하나님이 우리 안에 거하시고 그의
사랑이 우리 안에 온전히 이루느니라.

우리는 하나님을 결코 보지 못합니다. 하지만 그분의 사랑을 볼 수는 있습니다. 하나님의 백성들이 우리를 향하여 가지고 있는 그 사랑을 볼 때입니다.

아내가 그러한 사랑에 대하여 제게 말하고는 일기에서 그 내용을 읽어 주던 일이 기억납니다. 주님께로 가기 바로 몇 주 전 병원에서, 아내는 그러한 사랑을 일러 '너무도 커서 도저히 감당할 수 없는 하나님의 사랑을 생각나게 하는 것'이라고 했습니다. 일기의 일부입니다. "나는 그 사랑을 아주 많은 방법으로 경험한다. 온갖 도움의 손길, 사랑스런 전화, 차로 데려다 주는 섬김, 꽃다발, 성경 구절, 위로의 말 등등 다 헤아릴 수가 없다. 오늘 로저스한테서 편지가 왔다. 한 달 전 하나님의 인도로 그는 나의 건강을 위하여 매일 기도하기 시작했다. 자신도 병상에 누워 있는데. 정말로 놀랍기 그지없다. 이 같은 사람들을 아는 것이 하나님의 사랑과 돌보심을 아는 것이다."

주위를 둘러보면 그런 게 아주 많습니다. 아주 다양한 방법으로 표현되어 있습니다. 저는 우리 교제 안에서 그 예를 아주 많이 봅니다. 그런데 우리는 그것을 인식하고 있습니까? 그것을 고마워합니까? 우리가 그것을 보고 그것을 인지

할 수 있다면, 하나님의 사랑을 아는 데서 자랄 것입니다. 이처럼 하나님의 자녀들을 통해 하나님의 사랑을 경험함으로써 하나님의 사랑을 아는 데서 성장해 갑니다.

2. 하나님의 사랑을 믿음

사랑 안에서 성숙하는 두 번째 방법은 하나님의 사랑을 믿는 것입니다.
다시 요한일서 4:14-16로 돌아가 봅시다. 이것이 아주 중요하기 때문입니다.

> 아버지가 아들을 세상의 구주로 보내신 것을 우리가 보았고 또 증거하노니, 누구든지 예수를 하나님의 아들이라 시인하면 하나님이 저 안에 거하시고 저도 하나님 안에 거하느니라. 하나님이 우리를 사랑하시는 사랑을 우리가 알고 믿었노니 하나님은 사랑이시라. 사랑 안에 거하는 자는 하나님 안에 거하고 하나님도 그 안에 거하시느니라.

15절 말씀과 같이, 누구든지 예수님께서 하나님의 아들이심을 믿고 시인하는 사람은 하나님께서 그 사람 안에 거하시고 그 사람도 하나님 안에 거합니다. 이로써 우리는 하나님께서 우리를 위해 베푸신 그 사랑을 알 수 있고, 그 사랑을 굳게 믿을 수 있는 것입니다. 오직 우리가 하나님의 아들 그리스도를 믿음으로 말미암아 하나님께서 우리 안에 거하시게 되었고, 하나님께서 우리 안에 거하심으로 이제 하나님의 사랑이 우리 속에 태어난 것입니다. 하나님의 사랑이 우리의 마음에 기록되었습니다. 하나님의 성령께서 그리스도의 사랑을 우리 안에 부어 주셨습니다. 따라서 우리는 하나님의 사랑을 믿을 수 있습니다. 이는 순전히 하나님의 은혜입니다. 도저히 감당 못할 하나님의 임재입니다. 놀라운 하나님의 역사입니다. 우리는 이런 특별한 은혜를 받은 자들입니다.

이제 하나님께서는 그리스도를 사랑하시는 것같이 우리를 사랑하십니다. 그것이 예수님께서 요한복음 17:23에서 말씀하시는 내용입니다.

> 곧 내가 저희 안에, 아버지께서 내 안에 계셔 저희로 온전함을 이루어 하나가 되게 하려 함은 아버지께서 나를 보내신 것과 또 나를 사랑하심같이 저희도 사랑하신 것을 세상으로 알게 하려 함이로소이다.

"아버지께서… 나를 사랑하심같이 저희도 사랑하신 것을 세상으로 알게 하려 함이로소이다." 그리스도께서 하나님의 사랑을 받으셨듯 우리도 하나님의 사랑을 받는다는 사실입니다! 우리가 삶 속에서 세상에 보여 주고 증거해야 할 게 무엇입니까? 하나님께서 그리스도를 사랑하신 것같이 우리를 사랑하신다는 놀라운 사실입니다.

이는 아주 중요한 것입니다. 그 놀라운 사랑을 저의 수고로는 결코 얻을 수 없습니다. 순전히 은혜로 얻을 따름입니다. 예수 그리스도께서는 저의 죄를 대신 짊어지셨고, 그분의 의를 제게 주셨습니다. 그래서 저는 사랑받으시는 아들 안에서 용납되는 것입니다.

중요한 원리는, 하나님의 성령께서 제 안에 거하고 계시며, 그분이 제 마음속에 하나님의 사랑을 넘치도록 부어 주신다는 것입니다. 오직 이 원리를 받아들일 때에야 저는 하나님의 사랑 안에서 성장하고 성숙해 갈 수 있습니다. 그리고 그리스도 안에서, 하나님께서는 그리스도를 사랑하신 것같이 저를 사랑하십니다! 그리스도께서 하나님의 사랑을 받고 있듯이, 저 역시 하나님의 사랑을 받고 있습니다. 이처럼 하나님의 사랑을 믿을 때 사랑 안에서 성숙하게 됩니다.

저는 지금도 계속 사랑 안에서 성장하고 있습니다.

3. 다른 사람들을 사랑함

마지막으로, 하나님의 사랑 안에서 성장하기 원한다면, 다른 사람들을 사랑하기 바랍니다.

선교지에서 보낸 첫해가 기억납니다. 당시 저는 타이완에 있었고, 중국인들은 저와 여러 가지 심각한 문제를 겪고 있었습니다. 제가 스물셋의 나이에 중국에 왔기 때문입니다. 나이가 나이인지라 여러 모로 모가 나고 미숙한 게 많았습니다. 제가 결심한 게 뭔가 하면, 중국에서 장차 하나님의 사람이 되려면 도슨 트로트맨처럼 행동해야 한다는 것이었습니다. 그래서 저는 여기저기 돌아다니는 '작은 도슨 트로트맨'이었습니다. 하나님의 사람으로서 '연기'를 한 셈입니다.

우리가 누군가를 복사하려고 하고 있다면, 아직 진정한 자신을 발견하지 못한 것입니다. 자연히 진짜같이 보이지 않게 됩니다. 바로 제가 그랬습니다. 제 딴에는 사역 현장의 여러 문제를 해결할 답을 알고 있다고 생각했었습니다. 저는 도슨 트로트맨이 한 것과 똑같이 그대로 했습니다. 하지만 중국인들은 그런 저를 받아들일 수가 없었습니다. 제가 맨 마지막에 가서야 발견한 사실입니다.

처음에는 문제의 원인이 '그들의' 영적 미성숙에 있다고 생각했습니다. 또한 제 리더십에 대한 '그들의' 태도에 문제가 있다고 생각했습니다. 제 리더십에 대한 순종의 태도가 없기 때문이라고 말입니다. 그게 '그들의' 결점이라고 생각했습니다. 마침내 하나님께서는 저를 코너로 몰아넣으셨습니다. 저는 그 징후를 읽을 수 있었습니다. 때때로 그런 코너에 몰리는 것은 좋은 일입니다.

그래서 저는 고린도전서 13장을 암송하기 시작했습니다. 매일 아침마다 13장 말씀으로 기도했습니다. 매일 밤마다 13장 구절들에 비추어 자신을 평가했습니다. 고린도전서 13:4-7은 위대한 구절입니다. 이보다 하나님의 사랑을 더 잘 설명한 구절은 없다는 생각이 듭니다. 아직 그 구절을 암송하지 않았다면 암송해 보기 바랍니다. 하나님의 사랑 안에서 성장하기를 원한다면 그 구절을 암송하십시오. 이미 암송하였다면, 매일 복습하며 묵상하십시오. 그리고 날마다 자신의 삶에 적용하고 실천하십시오.

> 사랑은 오래 참고, 사랑은 온유하며, 투기하는 자가 되지 아니하며, 사랑은 자랑하지 아니하며, 교만하지 아니하며, 무례히 행치 아니하며, 자기의 유익을 구치 아니하며, 성내지 아니하며, 악한 것을 생각지 아니하며, 불의를 기뻐하지 아니하며, 진리와 함께 기뻐하고, 모든 것을 참으며, 모든 것을 믿으며, 모든 것을 바라며, 모든 것을 견디느니라.

그런데 무슨 일이 일어났는지 아십니까? 하나님께서는 그분의 사랑을 온전히 이루셨습니다. 우리가 타이완을 떠날 때, 중국인들 수십 명이 우리를 배웅하러 공항에 나왔고, 눈물을 흘리지 않는 이가 하나도 없었습니다.

아내들이여, 여러분은 이 구절을 남편에게 적용합니까? 남편들이여, 여러분은 이 구절을 아내에게 적용합니까? 부모들이여, 여러분은 이 구절을 자녀들에게 적용합니까? 저는 아내의 일기에서 방금 전 읽어 드린 각각의 진리의 말씀에 대한 아주 세세하고 구체적인 적용 내용을 보았습니다. 아내는 그 구절들을 저에게, 그리고 자녀들 각각에게 적용하기 위하여 얼마나 애쓰고 있었는지 모릅니다.

하나님의 사랑 안에서 성숙하기 원합니까? 그렇다면 하나님의 사랑에 대한 지식과 이해와 적용에서 성숙해 가야 합니다. 사랑은 여러 은사 중 하나가 아닙니다. 사랑은 우리가 평생 힘써 실천해야 할 가장 중요한 것입니다. 가정생활에서, 사역에서, 사회생활에서, 사랑은 모든 관계의 유일한 열쇠입니다.

요한일서 4:12은 이렇게 말씀합니다.

> 어느 때나 하나님을 본 사람이 없으되 만일 우리가 서로 사랑하면 하나님이 우리 안에 거하시고 그의 사랑이 우리 안에 온전히 이루느니라.

우리가 서로 사랑할 때 하나님의 사랑은 우리 안에서 성숙되고 성장되고 발전되어 갑니다. 사랑은 우리의 사랑이 아니라 '하나님의' 사랑입니다. 하나님의 사랑은 하나님 자신 안에 그 근원이 있습니다. 그리고 하나님의 아들 안에서 나타나고, 여러분과 제 안에서 온전히 이루어집니다.

하나님의 사랑은 무엇입니까? 여기에서 '사랑'을 가리키는 헬라어는 '아가페'입니다. 이는 간단히 말하면 다른 이를 위하여 가장 좋은 것을 바라는 것입니다. 치러야 할 대가가 얼마이든 말입니다. 우리는 이런 식으로 다른 사람들을 사랑해야 합니다. 이 때문에 자신이 어떤 값을 치르더라도 그들의 최선을 바라는 것입니다. 그러면 하나님의 사랑 안에서 성장하게 됩니다.

종종 성경에서 명령하고 있는 사랑을 헬라어로 '필레오'의 의미로 생각하는 경우가 많습니다. '필레오'란 따뜻한 애정이나 효심 같은 것입니다. 그러나 성경에서 명하고 있는 사랑은 결코 그런 사랑이 아닙니다. 성경에서 명한 유일한 사랑은 '아가페' 사랑입니다. 그것은 감정과는 무관합니다. 행동과 관계가 있습니다. 그것은 자기희생적인 사랑입니다. 자신에게 돌아오지 않을 것을 뻔히 알면서도 다른 사람들에게 기꺼이 베푸는 사랑입니다. "그게 나를 상하게 할 수도 있다. 하지만 그게 그들의 최선을 위한 것이다. 그러기에 그것을 행하리라" 하는 것입니다. 그것이 그리스도의 사랑입니다. 그것이 아가페 사랑입니다. 그리고 나서 그 다음에 놀랍게도 '필레오' 즉 사랑의 감정이 따릅니다.

한번은 아주 붐비는 만원 비행기를 타고 미국으로 가고 있었습니다. 아주 피곤했습니다. 밤새도록 날아가고 있었습니다. 마지막으로 꼭 하고 싶은 게 하나 있었습니다. 아무에게라도 복음을 이야기하는 것이었습니다. 제 옆에 앉은 사람을 흘낏 쳐다보았습니다. 속으로 생각했습니다. '아, 이 사람에게 전도해야 하는데. 아니야, 지금은 전도하고 싶지 않아. 음, 아니면 적어도 말이라도 걸어야 하는데. 말을 걸면 성령께서 전도할 수 있도록 인도하실지도 모르지. 아니야, 말을 걸고 싶지 않아.'

마침내 저는 그에게 말을 걸어 이야기를 시작했습니다. 그는 그리스도인이었고, 모라비아 선교사였습니다. 그는 저에게 그들의 선교 사역이 남미의 네덜란드령 기아나(현재의 수리남)에서 어떻게 시작되었는지를 말해 주었습니다.

몇 세대 전, 그들은 그곳 농장의 흑인 노예들에게 선교하려고 갔습니다. 그러나 농장에 갔을 때 농장마다 백인 농장주들이 말했습니다. "안 됩니다. 당신들은 이들에게 선교할 수 없습니다. 온갖 문제만 일으키게 될 테니까요. 게다가 그들은 인간이라고 보기도 어렵습니다. 그들에겐 영혼이 없어요. 그래서 이 흑인 노예들에게 선교하는 걸 허락하지 않겠습니다."

하지만 그들은 그리스도를 위하여 이 흑인 노예들에게로 가서 복음을 전하도록 하나님께서 자신들을 부르셨다고 확신했습니다. 그래서 함께 기도하였습니다. 노예들에게로 들어갈 수 있는 길을 열어 주시도록 말입니다. 그 다음 그들이 결정한 게 무엇인지 아십니까? 그들은 농장주들에게 가서 말했습니다. "좋습니다. 그러면 우리가 자발적으로 당신들의 노예가 되겠습니다." 그들은 그 노예들에게 다가가기 위하여 스스로 노예가 되었습니다.

그에게 물었습니다. "그 교회는 오늘날 어떻습니까?"

"아, 교회는 사랑으로 아주 충만합니다. 3세대가 지났는데 교회는 사랑으로 아주 충만합니다."

우리가 사랑할 때 하나님의 사랑은 우리 안에서 온전히 이루어지고 성숙하게 됩니다.

결론

마치면서, 요한일서 4:12 말씀을 다시 살펴봅시다.

> 어느 **때나** 하나님을 본 사람이 없으되 만일 우리가 서로 사랑하면 하나님이 우리 안에 거하시고 그의 사랑이 우리 안에 온전히 이루느니라.

한 사람이 하나님의 사랑을 알고 하나님의 사랑을 믿을 때, 그는 또 다른 사람을 사랑하기 위하여 나아가게 됩니다. 그리고 그것은 하나님을 향한 더 큰 사랑을 낳습니다. 그 다음에 그는 더 크고 깊은 사랑을 가지고 다른 사람들에게 나아가고, 이를 통해 하나님의 사랑을 더욱더 깊이 이해하게 됩니다. 이것이 바로 사랑이 우리 안에서 성장하고, 깊어지고, 온전하여지는 방법입니다.

올해를 위해 하나님께서 제게 주신 말씀은 요한복음 14:21입니다.

> 나의 계명을 가지고 지키는 자라야 나를 사랑하는 자니, 나를 사랑하는 자는 내 아버지께 사랑을 받을 것이요 나도 그를 사랑하여 그에게 나를 나타내리라.

'나의 계명' 중에 가장 크고 첫째가는 계명은 자신의 전 존재로 하나님을 사랑하는 것이요, 둘째는 '내 이웃을 내 몸과 같이 사랑'하는 것입니다.

> 예수께서 가라사대, "네 마음을 다하고 목숨을 다하고 뜻을 다하여 주 너의 하나님을 사랑하라 하셨으니 이것이 크고 첫째 되는 계명이요, 둘째는 그와 같으니 네 이웃을 네 몸과 같이 사랑하라 하셨으니." (마태복음 22:37-39)

하나님을 알고 경험하는 길은 하나님을 사랑하고 하나님

의 말씀을 지키는 것입니다. 그게 유일한 길입니다. 예수님께서 요구하시는 것은 오로지 이게 전부입니다. "오직 내가 말하는 것을 알고, 내가 말하는 것을 행하라. 그러면 너희가 그 어떤 인간관계에서도 찾아볼 수 없는 놀라운 방식으로 나를 알게 되리라."

우리가 사랑 안에서 종이 되기를 멈출 때, 더 이상 그리스도를 위하여 아무 영적 힘도 발휘하지 못하게 될 것입니다. 그러나 우리가 그리스도의 사랑의 종들을 배가한다면, 그리스도의 제자를 삼고 일꾼을 배가하는 이 사역에 불을 붙이게 될 것이고, 이 사역은 전 세계로 힘차게 퍼져 나가 활활 타오르게 될 것입니다. 그 일은 여러분과 저로부터 시작됩니다.

스스로 질문해 보십시오. '나는 처음 사랑을 버리지는 않았는가?' 만일 처음 사랑을 버렸다면, 자신이 어디서 떨어졌는지를 생각해 보고, 회개하여, 처음 행위를 가지십시오(요한계시록 2:5).

'나는 그리스도의 사랑 안에서 성숙하고 있는가? 그분의 사랑을 아는 면에서 성장하고 있는가? 그분의 사랑을 믿는 믿음에서 성장하고 있는가? 나는 누군가에게 나아가 그를 사랑하는 면에서 성장하고 있는가?'

우리 각 사람이 하나님의 사랑을 실천하고 전달하는 사람이 될 때라야 비로소 우리가 하는 사역은 세계 곳곳에서 활활 불타오르게 될 것입니다.

묵상 및 적용

1. 마가복음 12:28-31에서 예수님께서는 우리가 지켜야 할 첫째 계명과 둘째 계명을 말씀하십니다. 이 계명들을 순종하기가 왜 어렵습니까?

2. 하나님을 향한 '처음 사랑'(요한계시록 2:4)을 회복하고, 이웃을 자신과 같이 사랑하기 위하여 할 수 있는 것은 무엇입니까?

3. 사랑 안에서 성숙하기 위하여 필요한 세 가지(138쪽)는 무엇입니까? 삶 속에서 이 세 가지를 어떻게 적용할 수 있겠습니까?

4. 하나님과 다른 사람들과의 관계에서 어떻게 사랑 안에서 관계를 맺을 수 있겠습니까?

제 5 장

하나님의 사람의 팀웍

 마지막으로 하나님의 사람의 팀웍에 대하여 말씀드리고자 합니다. 하나님의 사람은 하나로 연합된 높은 수준의 팀웍을 할 줄 알아야 합니다.
 글로벌 사역에서 가장 필요한 것 중의 하나가, 사역의 모든 수준에서 이루어지는 견고한 팀웍입니다. 특히 해외 사역에서는 이 팀웍이 절실히 필요합니다. 거기에서는 서로 다른 국적, 문화, 언어 등을 가진 사람들과 팀으로 함께 일해야 하기 때문입니다. 다양한 국적의 사람들을 한데 묶어 놓으면 저마다 사역의 개념과 방법, 수준, 개인적 기질과 성격 등이 서로 달라서 사역이 성장해 감에 따라 도리어 서로 갈등을 겪게 될 위험이 있습니다.
 과거 한때 저는 선교 사역에서 동일한 목표만 있으면 모든 게 족하다고 생각한 적이 있었습니다. 그러나 동일한 목표를 가지고 있음에도 불구하고 한마음과 한뜻을 가진 팀으로서 제대로 기능을 발휘하지 못하는 것을 자주 경험했습니다. 서로 다른 성향과 사고방식, 서로 다른 문화적 배경을 지닌 구성원들의 다양성과 차이점을 극복하기가 생각처럼 쉽지 않았던 것입니다.

그래서 생각하게 된 것이, 동일한 '목표'에 더하여 추구하는 '가치'가 같아야 한다는 것입니다. 이 말은 먼저 어떤 '수준'을 만족시켜야만 팀의 일원이 될 수 있다는 뜻이 아닙니다. 그 정한 수준이 무엇이든지 우리는 모두 늘 그 수준에 못 미치기 때문입니다. 그것은 인간의 본성이라고 할 수 있습니다. 팀으로 함께 일하는 사람들에게 꼭 필요한 것은 공동으로 추구하는 가치입니다. 우리는 공동의 목표와 가치를 향하여 함께 나아가야 합니다. 그 속에서 우리는 서로를 돕고 격려하게 됩니다.

우리가 추구해야 할 공동의 가치는 다름 아닌 그리스도를 닮은 여러 특성입니다. 우리는 이 특성을 향하여 힘써 추구해 나가야 합니다. 이 특성은 하나님 앞에서 우리의 삶 속에서 나타나야 합니다. 함께 일하는 우리의 관계 속에서 나타나야 합니다. 함께 참여하는 하나님의 사역 속에서 나타나야 합니다. 사랑은 그중 최고 덕목입니다.

연합과 일치를 이루어 하나가 되는 것은 성령의 사역입니다. 성령께서는 우리 속에 역사하셔서 우리가 주님께서 주신 목표와 아울러 그리스도를 닮은 이 다이내믹한 특성, 이 둘 다를 추구해 나갈 동기를 주십니다.

그러면 우리가 추구해야 할, 그리스도를 닮은 이 특성은 무엇입니까? 그것을 라틴어 'FIDELIS'로 정리해 보았습니다. 'FIDELIS'란 '충성되다, 신실하다, 진실하다, 직무에 성실하다, 신뢰할 만하다'라는 뜻입니다.

믿음(Faith)

주도권(Initiative)

부지런함(Diligence)

탁월함(Excellence)

사랑(Love)

온전함(Integrity)

희생(Sacrifice)

그리스도를 닮은, 이 다이내믹한 특성은 하나님의 일을 성취하기 위하여 여러 사람이 팀으로 함께 일하고 있는 곳에서는 어디서나 꼭 필요한 것입니다.

믿음(Faith)

히브리서 11:6은 이렇게 말씀합니다.

> 믿음이 없이는 기쁘시게 못하나니 하나님께 나아가는 자는 반드시 그가 계신 것과 또한 그가 자기를 찾는 자들에게 상 주시는 이심을 믿어야 할지니라.

우리가 하나님을 찾을 때 하나님께서 우리에게 주시는 상은 하나님 자신과 하나님께 속한 덕목입니다. 믿음, 주도권, 부지런함, 탁월함, 사랑, 온전함, 희생이 우리가 하나님을 찾을 때 얻게 되는 열매입니다. 우리가 더욱더 하나님을 찾을수록 더욱더 하나님을 닮게 됩니다.

첫째로, 우리는 불굴의 강인한 믿음을 가지고 있어야 합니다. 하나님의 일을 할 때 많은 위기를 맞이하기 때문입니다.

느헤미야 4:1-12에 보면, 예루살렘 성을 건축하느라 애쓰고 있을 때 느헤미야는 비웃음을 당하고 비판을 받았습니다. 신체적인 위험에 처하였고, 많은 압력을 받았습니다. 지치고 피곤했습니다. 또한 하나님의 대적들이 공격해 올 것이라는 말을 들었습니다(11-12절). 그때 그의 반응은 무엇이었습니까?

내가 돌아본 후에 일어나서 귀인들과 민장과 남은 백성에게 고하기를, "너희는 저희를 두려워 말고, 지극히 크시고 두려우신 주를 기억하고 너희 형제와 자녀와 아내와 집을 위하여 싸우라" 하였었느니라. "너희가 무론 어디서든지 나팔 소리를 듣거든 그리로 모여서 우리에게로 나아오라. 우리 하나님이 우리를 위하여 싸우시리라" 하였느니라. (느헤미야 4:14,20)

그가 보인 반응은 다름 아닌 믿음의 선언이었습니다. "우리 하나님이 우리를 위하여 싸우시리라!"

우리는 친척들로부터 비웃음을 당할 수도 있습니다. 여러 해 동안 유럽에 있으면서 저 또한 여러 사람들로부터 비웃음을 당했습니다. 그중에는 그리스도인들도 있었습니다. 그들은 우리를 이해하지 못했습니다. 그들의 눈에는 보잘것없게 보였습니다. 사역의 방법이 너무도 비효과적이라고 비웃었습니다.

이런 일을 당할 때 우리는 무엇을 합니까? 하나님께서 우리를 형통케 할 것이라는 믿음의 선언을 할 수 있습니까? 느헤미야가 비웃음을 당할 때 했던 것처럼 말입니다. 몹시 지치고 피곤할 때, 압력이 가중되고 있을 때, 아무 힘도 능력도 없다고 느껴질 때, 그래서 포기하고 싶을 때, 느헤미야처럼 "이제 내 손을 힘 있게 하옵소서!" 하고 기도하며 믿음의 선언을 할 수 있겠습니까?

> 이는 저희가 다 우리를 두렵게 하고자 하여 말하기를, "저희 손이 피곤하여 역사를 정지하고 이루지 못하리라" 함이라. "이제 내 손을 힘 있게 하옵소서" 하였노라. (느헤미야 6:9)

주도권(Initiative)

주도권은 주동적인 입장에 서서 이끌어 나가는 능력입니다. 전투에서 승자는 다름 아닌 주도권을 유지하는 자입니다.

5년 전 쯤, 저는 심각한 피로에 직면해 있었습니다. 사역은 계속 성장하고 있었지만, 저는 성장하고 있지 않았습니다. 동기부여가 없었습니다. 결단력이 없이 우유부단하고 혼란스러웠습니다. 여러 책임을 맡아 심한 압박감을 느꼈고, 감정의 기복이 심했습니다. '내 역할이 무엇인가? 나의 진짜 자아상이 무엇인가?' 저는 이를 찾으려고 애썼습니다.

저는 정말로 하나님을 구해야 했습니다. 그리고 근본적인 결정을 해야 했습니다. 이 결정은 누구에게나 해당되기도 합니다. 특히 중년의 나이에 이르렀을 때는 말입니다. 그 결정이란, '나는 기꺼이 변화하고자 하는가?' 하는 것입니다.

저는 제 리더십에 몇 가지 변화를 가해야만 했습니다. 문제가 근본적으로 제 리더십에 있다는 것을 발견했기 때문입니다. 저는 리더십에 관한 책들을 읽었습니다. 한번은 여름 내내 리더십에 관하여 성경공부를 하기도 했습니다. 또 그것에 대하여 기도했습니다. 그러고 나서 제가 힘써야 할 것을 스물다섯 가지 적었습니다. 스물다섯 가지를 전부 힘쓴다는 것은 불가능함을 깨닫고, 아내에게 그 가운데서 가장 중요하다고 생각되는 것 다섯 가지를 골라 달라고 요청했습니다. 그리고 동료들 및 지도자들에게도 다섯 가지를 골라 달라고 부탁했습니다. 그런 다음 마침내 다섯 가지를 뽑았는데, 주도권이 그중 하나입니다.

사람들을 이끌려고 한다면 주도권을 발휘해야 합니다.

그러면 어떻게 주도권을 발휘합니까? 느헤미야는 세 가지 일을 했습니다.

첫째로, 할 일을 계획하고, 조직하고, 위임하여 분담시켰습니다. 우리는 계획을 잘 세우고, 거기에 맞게 조직을 하고, 적절하게 위임할 줄 아는 사람이 되어야 합니다. 그렇지 않고는 큰일을 이끌 수 없습니다. 느헤미야는 현명하였습니다. 백성들이 각 가족 단위로 역사를 하게 했고, 각 가족마다 정해진 일과 구체적인 임무가 있었습니다. 이렇게 하여 성벽을 재건하는 데 필요한 모든 것을 온전히 망라할 수 있었습니다.

둘째는 솔선수범을 유지하는 것이었습니다. 느헤미야

5:16에 나오는 느헤미야의 말은 제게 큰 도전이 되었습니다.

> 도리어 이 성 역사에 힘을 다하며, 땅을 사지 아니하였고, 나의 모든 종자도 모여서 역사를 하였으며.

느헤미야는 온전히 예루살렘 성벽을 건축하는 역사에 참여하여 거기에 몰두했습니다. 모든 생각과 관심을 온통 그 역사를 이루는 데 쏟았습니다. 성벽 건축은 그에게 작은 부차적 투자가 아니었습니다. 거기에 자신의 전부를 투자했습니다. 그는 당시 중동에서 가장 큰 국토 개발 사업을 책임지고 진두지휘하고 있었습니다. 그리고 땅에는 한 뙈기도 투자하지 않았습니다. 재테크에 투자하느라 많은 시간을 허비해 버린 사역자들을 저는 알고 있습니다.

'두 마음'을 품은 사람은 그 행하는 모든 일에 정함이 없습니다(야고보서 1:8). 마음이 둘로 나뉘어 있는 사람은 모든 길에 안정이 없습니다. 느헤미야는 성벽을 건축하는 일에 '한 마음'으로 드려졌습니다. 그 일에만 전념하였습니다. 자신이 전적으로 참여했을 뿐 아니라, 그의 모든 종들도 전적으로 참여했습니다. 그의 팀은 본을 유지했습니다.

사람들은 본을 따릅니다.

우리가 하나님께서 큰일을 행하시는 것을 보려 한다면, 많은 압력을 받고 있는 중에도 굴하지 말고 계속 본이 되어야 합니다. 세상은 우리를 자신의 모양으로 찍어 내려 하고 있기 때문입니다. 느헤미야의 대적들이 예루살렘 성벽 재건 사업 전반에 걸쳐 느헤미야에게 시도하고 있는 내용을 공부해 보면, 그들이 한 가지 목표를 가지고 있음을 알게 됩니다. 곧 느헤미야가 주도권을 발휘하지 못하게 하려 했다는 것입니다. 대적들은 그 일을 이루려고 온갖 계략과 술수를 동원했습니다.

그때마다 느헤미야는 단순히 믿음의 선언을 했고, 그 선언을 따라 행동했습니다. 그리고 자신을 따르는 사람들이 따를 수 있도록 본을 보였습니다. 느헤미야는 믿었습니다. 하나님께서 그의 손을 힘 있게 하여 주고 계심을 그들이 본다면 그들의 손 또한 힘 있게 되리라고 말입니다(느헤미야 6:9).

우리가 장차 다른 사람들을 위하여 믿음을 가지고 있으려면, 먼저 우리 자신을 위하여 믿음을 가지고 있어야 합니다. 이외에 다른 사람들을 위하여 더 큰 믿음을 가질 수는 없습니다. 여기서 믿음은 우리 자신에 대한 믿음이 아니라, 우리 손을 힘 있게 하여 주시는 하나님께 대한 믿음입니다.

느헤미야가 세 번째로 한 일은, 반대에 부딪혔을 때 곁길로 가지 않은 것입니다.

사람들이 비판하기 시작할 때에, 쉽게 흔들리거나 낙심하거나 포기하지 말아야 합니다. 왜냐하면 어떤 일을 성취하고 있는 사람에게는 십중팔구 비판이 있을 것이기 때문입니다.

동전에는 양면이 있습니다.

만일 우리가 성공하고 있다면, 반드시 반대자가 있을 것입니다. 우리는 표적이 될 것입니다. 느헤미야가 그랬습니다. 대적들은 그의 명성에 흠집을 내려고 음모를 꾸몄습니다. 그가 성전으로 도망가게 하자는 것이었습니다.

> 이후에 므헤다벨의 손자 들라야의 아들 스마야가 두 문불출하기로 내가 그 집에 가니, 저가 이르기를 "저희가 너를 죽이러 올 터이니 우리가 하나님의 전으로 가서 외소 안에 있고 그 문을 닫자. 저희가 필연 밤에 와서 너를 죽이리라" 하기로, 내가 이르기를 "나 같은 자가 어찌 도망하며 나 같은 몸이면 누가 외소에 들어가서 생명을 보존하겠느냐? 나는 들어가지 않겠노라" 하고, 깨달은즉 저는 하나님의 보내신 바가 아니라. 도비야와 산발랏에게 뇌물을 받고 내게 이런 예언을 함이라. (느헤미야 6:10-12)

이처럼 심각한 반대에 부딪쳤을 때 그의 반응은 무엇이었습니까?

> 저희가 뇌물을 준 까닭은 나를 두렵게 하고 이렇게 함으로 범죄하게 하고 악한 말을 지어 나를 비방하려

함이었느니라. "내 하나님이여, 도비야와 산발랏과 여선지 노아댜와 그 남은 선지자들 무릇 나를 두렵게 하고자 한 자의 소위를 기억하옵소서" 하였노라. 성 역사가 오십이 일 만에 엘룰 월 이십오 일에 끝나매.
(느헤미야 6:13-15)

그의 말을 주목하십시오. 그는 이렇게 기도했습니다. "내 하나님이여,… 무릇 나를 두렵게 하고자 한 자의 소위를 기억하옵소서." 그 다음에 그는 계속해서 이렇게 말했습니다. "성 역사가… 끝나매."

여러분이 비판을 받고 있다면, 맹렬한 비난의 포격을 받고 있다면, 하나님께 이렇게 아뢰십시오. "하나님, 이 문제는 하나님께서 기억하여 주시옵소서. 그러면 저는 돌아가 성벽 건축하는 일을 계속하겠습니다." 그것이 느헤미야가 한 것이었습니다. 비판이 그에게서 주도권을 빼앗아 갈 수도 있었습니다. 그러나 그는 이를 강력히 거부했습니다.

앞에서 언급한 적이 있는데, 저는 처음 유럽으로 파송되어 갔을 때 이런 기도를 했습니다. "주님, 사람들이 저와 문제가 없을 순 없지만, 하나님의 은혜로 저는 그들과 문제가 있지 않도록 하겠습니다." 다른 말로 하면, "이 문제는 하나님께서 기억하여 주시옵소서. 그러면 저는 계속 사역을 해나가겠습니다" 하고 기도한 것입니다.

어떤 사람이 제게 물었습니다. "만일 사람들과 문제가 생기면 당신은 어떻게 해결합니까?"

제 의도가 아무리 좋아도, 저는 여전히 사람들과 문제가 있습니다. 그리고 그동안 알게 된 사실은, 제가 누군가와 마음속으로 논쟁을 하는 일이 대개 언제 일어나는가 하면, 경건의 시간에 기도를 시작하려고 할 때 일어난다는 것입니다. 그것은 제 삶에서 할 수 있는 가장 중요한 일, 곧 기도를 방해합니다.

마가복음 11:24-26은 이와 연관하여 아주 핵심이 되는 구절입니다. 예수님께서는 24절에서 이렇게 말씀하셨습니다.

> 그러므로 내가 너희에게 말하노니 무엇이든지 기도하고 구하는 것은 받은 줄로 믿으라. 그리하면 너희에게 그대로 되리라.

자, 이 말씀은 바로 하나의 약속입니다. 그러나 문제가 하나 있습니다. 25-26절에 이렇게 말씀하고 있습니다. 흠정역으로 읽어 보겠습니다.

> 너희가 서서 기도할 때에 만일 어떤 사람과 적대 관계에 있다면 그를 용서하라. 그러면 하늘에 계신 너희 아버지께서도 너희 허물을 용서하시리라. 그러나

만일 너희가 용서하지 아니하면 하늘에 계신 너희 아버지께서도 너희 허물을 용서하지 아니하시리라.

마태복음 6:14-15에서도 이렇게 말씀하고 있습니다.

너희가 사람의 과실을 용서하면 너희 천부께서도 너희 과실을 용서하시려니와, 너희가 사람의 과실을 용서하지 아니하면 너희 아버지께서도 너희 과실을 용서하지 아니하시리라

한 가지 문제가 무엇인가 하면, 만일 우리가 다른 사람의 잘못을 용서하지 않으면 하늘에 계신 우리 아버지께서도 우리의 잘못을 용서하지 아니하시리라는 것입니다. 다른 말로 하자면, 우리가 용서하지 않으면 우리는 아직 기도할 기본조차도 되어 있지 않은 것입니다!

그래서 저는 기도하면서 누군가와 마음속으로 논쟁이 시작되면 단지 이렇게 아룁니다. "주님, 그들을 용서합니다. 주님께서 그것을 기억하여 주시옵소서. 이제 몇 가지 중요한 것에 대하여 기도를 시작하겠습니다."

이 기도는 정말이지 저에게 자유와 해방을 가져다주었습니다. 그러나 그런 일이 항상 바로 즉시 일어나는 것은 아닙니다. 저는 자주 그것에 대하여 거듭거듭 기도합니다. 날마다

기도해야 합니다. 오늘도 하고 내일도 해야 합니다. 그러면 분명한 사실은, 머지않아 그 문제에서 해방되어 자유롭게 된다는 것입니다.

얼마 전 영국에서 있었던 일입니다. 한 목사님으로부터 전화가 왔습니다. 교회 내의 어떤 문제로 조언을 듣고 싶다고 했습니다. 목사님과 청소년 책임자 사이에 한 가지 문제가 있었습니다. 저는 기본적으로 목사님이 옳고 그 청소년 책임자가 틀렸다고 생각했습니다. 그런데 그 목사님과 계속 대화를 해보니 그는 뭔가에 아주 집착하고 있었습니다.

"저는 그가 전 교회 앞에서 회개하기까지는 용서하지 않을 겁니다."

"그래요? 뭘 근거로 그런 생각을 하고 있습니까?"

"하나님께서는 사람들이 회개하지 않으면 용서하시지 않습니다."

"하지만 당신은 하나님이 아닙니다."

"뭐라고요? 그가 회개하지 않더라도 제가 용서해야 한다고 말하는 성경 구절이 있다면 보여 주십시오."

그래서 저는 마가복음 11:25-26 말씀을 보여 주었습니다. 우리가 기도하는데, 아직 용서하지 않은 누군가가 있다는 것을 알았다면, 그 즉시 하나님과 그 문제를 바로잡아야 합니다. 그가 무엇을 했든 상관없습니다. 또한 그가 어떤 조건을 충족했든지 안 했든지 그건 상관없습니다. 바로 하나님 앞에서 그를 용서해야 합니다.

하나님께서는 여러분과 저를 용서해 주셨습니다. 우리는 하나님이 아닙니다. 단지 용서받은 죄인들입니다. 따라서 '어떤 것이든 어떤 사람이든' 용서해야 합니다. 그들이 회개나 자백과 관련하여 무슨 말이나 행동을 했든 안 했든 그와 상관없이 용서해야 합니다.

용서하지 않는 마음을 가지고 있으면 결코 주도권을 유지하지 못합니다. 그것은 확실합니다. 일단 용서하지 않기로 선택하면, 이미 주도권을 잃어버린 것입니다.

부지런함(Diligence)

저는 잠언 12:24을 아주 좋아합니다.

> 부지런한 자의 손은 사람을 다스리게 되어도 게으른 자는 부림을 받느니라.

다른 번역본으로도 읽어 봅시다.

> 열심히 일하라. 그러면 지도자가 된다. 게으르라. 그러면 결코 성공하지 못한다. (리빙바이블)

저는 오래 지속하는 리더들에게서 한 가지 사실을 관찰했습니다. 제가 그냥 '리더들'이라고 하지 않고, '오래 지속하는 리더들'이라고 한 것을 주목하기 바랍니다. 세상에는 일어났다 사라지는 온갖 종류의 리더들이 있기 때문입니다. '오래 지속하는 리더들'은 열심히 수고하는 사람들입니다. 오래 지속하는 리더들을 보면 두 가지 면에서 부지런합니다. 그들은 부지런히 '일하는' 사람이면서 부지런히 '배우는' 사람입니다.

저는 또한 그 반대의 모습도 보았습니다. 부지런히 일하지도, 부지런히 배우지도 않는 리더들도 있었습니다. 그런 사람들은 대개 리더로서 오래 지속하지 못합니다. 과거의 업적이나 성취에 의지할 수는 없습니다. 지금 사랑과 존경을 받고 있다는 사실에 의지할 수도 없습니다. 우리는 하늘나라에 갈 때까지 예수님을 따라야 합니다. 예수님께서는 아주 좋은 본을 보여 주셨습니다.

부지런하다는 것은 무엇을 뜻합니까? 부지런한 사람은 꾸준합니다. 어떤 일을 꾸물거리거나 미루지 않습니다. 중간에 포기하지 않고 참을성을 가지고 열심히 합니다. 맡은 일을 적당히 해치우거나 눈가림으로 하지 않고, 높은 수준으로 성취하기 위하여 전심전력합니다. 무슨 일이든 성실과 끈기로 임합니다.

아시아에 있을 때의 일입니다. 제가 맡은 일은 사무실 관리였습니다. 함께 일하는 중국인이 30명가량 있었는데 그들을 관리해야 했습니다. 저는 아주 활동적으로 개인 사역도 하고 그룹 사역도 하고 있었습니다. 더구나 다른 선교 단체 하나가 우리 사무실 일부를 빌려 쓰고 있어서 그 일에도 신경을 써야 했습니다.

여름이면 너무너무 더웠습니다. 그래서 매일 오후마다 현지인들은 근사한 호텔 수영장에 들어가 즐기곤 했습니다. 그러면서 저에게 이렇게 말하곤 했습니다. "자 어서 수영장으로 오세요. 이 더운 날 굳이 사무실에서 일할 필요 없잖아요?" 그러나 저는 그럴 수가 없었습니다. 제가 저녁마다, 주말마다 함께하며 영적으로 돕고 있는 사람들 대부분이 같은 건물에서 열심히 일하고 있었기 때문입니다.

이따금 이런 생각이 들기도 했습니다. '조금은 쉬엄쉬엄 쉬어 가면서 일하는 게 좋지 않을까? 선교지에서 하루 이틀 있을 것도 아닌데. 선교지에서 보낸 세월이 벌써 24년이나 됐는걸.' 그러나 이런 생각은 바람직한 게 아닙니다.

오래 지속하는 리더들은 열심히 수고합니다. 꾸준하고 지속적으로 부지런히 일합니다. 잠언 22:29에서 이렇게 말씀하고 있습니다.

> 네가 자기 사업에 근실한 사람을 보았느냐? 이러한 사람은 왕 앞에 설 것이요 천한 자 앞에 서지 아니하리라.

제가 감사하고 있는 것이 있습니다. 빌리 그래함 팀뿐 아니라 다양한 영적 지도자들이, 우리가 와서 함께 일해 주기를 너무도 간절히 원하고 있다는 것입니다. 네비게이토들은 성실하게 열심히 일하는 사람들이기 때문입니다. 한 형제는 빌리 그래함 팀의 상담 부문을 총괄하는 큰 책임을 맡고 있지만, 뒷짐 지고 관리 감독만 하는 것이 아니라, 그 역시 죽 늘어선 의자에 앉아 있다가 초청에 응하여 앞으로 나오는 사람들을 열심히 상담해 줍니다. 해야 할 일이 있으면 팔을 걷어붙이고 무슨 일이든 하는 그런 사람입니다. 정말이지 열심히 일하는 사람입니다.

우리는 미래의 리더를 어떻게 찾을 수 있겠습니까? 그는 자기 일에, 하나님의 말씀에, 사역에, 그리고 배우는 일에 전심으로 자신을 드리는 사람입니다. 그는 결코 배움을 멈추지 않습니다. 저와 함께 일하는 사람들 중에 이것을 삶으로 본을 보이며 살고 있는 사람들이 많이 있습니다.

우리는 크게 세 가지 영역에서 부지런해야 합니다.

첫째로, '계획'에서 부지런해야 합니다. 잠언 21:5은 제가 좋아하는 구절입니다.

> 부지런한 자의 경영은 풍부함에 이를 것이나, 조급한 자는 궁핍함에 이를 따름이니라.

여기서 '경영'이라는 말은 생각, 계획으로 번역되기도 합니다. 부지런한 자의 계획은 풍부함에 이르지만, 조급한 결정은 궁핍에 이를 따름입니다. 우리는 리더'처럼' 행동하고 있을지도 모릅니다. 하지만 그것은 리더처럼 '연기'하고 있는 것일 수도 있습니다. 조급한 결정은 좋은 결정인 경우가 드뭅니다.

이른바 '전문가'라고 하는 사람들 속에서 그런 경우를 자주 목격합니다. 그들은 곧잘 조급한 결정을 하는 버릇 때문에 넘어져 뼈아픈 실패를 맛볼 때가 종종 있습니다. 그들은 해외 선교지에 나가서도 동일한 실수를 반복하곤 합니다. 선교지 사람들은 그들과는 다른 사고방식을 가지고 있기에 그들을 쳐다보며 이렇게 말합니다. "의도하시는 바는 잘 알지만, 우리에겐 맞지 않습니다. 그래서 유감스럽게도 그 결정을 따를 수가 없습니다." 자신의 문화에서는 갑작스런 결정을 해도 통할 수도 있겠지만, 외국 문화에서는 통하지 않을 수가 있습니다.

아이들은 충동적입니다. 일단 어떤 것을 하고자 하는 욕구가 강하게 들거나 뭐에 강한 인상이나 느낌을 받으면, 하지 않고는 못 배깁니다. 그냥 나가서 행동하기 시작합니다. 그러나 고린도전서 13:11은 이렇게 말씀합니다.

내가 어렸을 때에는, 말하는 것이 어린아이와 같고,

> 깨닫는 것이 어린아이와 같고, 생각하는 것이 어린
> 아이와 같다가, 장성한 사람이 되어서는 어린아이의
> 일을 버렸노라.

우리가 어렸을 적에는 말하는 것이나 생각하는 것이나 깨닫는 것이나 판단하는 것이나 모두 다 어렸지만, 어른이 되어서는 어렸을 적의 말이나 생각이나 판단을 모두 다 버립니다. 저는 선교지에서 30대의 젊은 선교사들과 이 구절을 종종 나누었습니다. "여러분, 이 구절을 굳게 붙잡고 기꺼이 어린아이의 일을 버리십시오. 그렇지 않으면, 함께 일하는 사람들을 어떻게 이끌 수 있겠습니까?"

그러므로 우리가 하고 있는 일 전체를 죽 살펴보면서 기도합시다. 깊이 생각해 봅시다. 부지런함에는 수고가 따릅니다. 바로 그런 연유에서 부지런한 것을 그리 좋아하지 않는지도 모릅니다.

두 번째는, '사람들'을 향하여 부지런해야 합니다. 우리가 돕고 있는 사람들은 어떤 사람들입니까? 그들을 얼마나 알고 있습니까? 그들의 실제 형편을 잘 알고 있습니까? 잠언 27:23은 이렇게 말씀합니다.

> 네 양 떼의 형편을 부지런히 살피며 네 소 떼에 마음
> 을 두라.

우리는 그들의 형편을 부지런히 살피고 있습니까? 그들에게 마음을 두고 있습니까? 우리의 마음이 그들에게 맞춰져 있습니까? 그럴 때 우리는 그들에 대하여 잘 알게 됩니다. 우리의 마음이 다른 것들에 사로잡혀 있을 때는, 그들을 잘 모릅니다. 그러나 때로는 우리의 마음이 그들에게 맞춰져 있어도, 여전히 무엇이 어떻게 되어 가고 있는지 모를 때가 있습니다.

우리 큰아들이 열두 살 무렵의 일입니다. 아내와 저는 그 애와 연관하여 염려가 아주 많았습니다. 그 애한테서 독립적 기질과 반항적 기질의 징후가 나타나고 있었기 때문입니다. 몇 차례 신호가 있었습니다. 당시 그 애는 이중적인 삶을 아주 잘 살고 있었습니다. 단지 우리에게는 알려져 있지 않았을 뿐입니다. 저는 그 애와 함께 여행할 기회를 만들었습니다. 우리는 함께 한 방을 쓰면서 이런저런 대화를 많이 했습니다.

그러던 어느 날 밤 그 애가 제게 다가와 말했습니다. "아빠, 아빠에게 고백할 게 있어요." 그리고 나더니 그 애는 자신의 잘못을 제게 말했습니다. 성령께서 역사하신 것이 분명했습니다. 성령께서 책망하시고 깨닫게 하여 주신 것입니다(요한복음 16:8).

제가 말했습니다. "자, 그것에 대하여 기도하자. 주님께서 너를 용서해 주시기를 구하자."

그 애는 약간 놀란 표정으로 저를 쳐다보았습니다. 그 다음 날 그 애가 말했습니다. "아빠, 어, 아빠에게 고백할 게 있어요." 우리는 함께 기도했습니다. 그리고 그 다음 날도, 그 다음 날도… 계속 그랬습니다.

마침내 그 애는 마음속의 '더러운 옷장'을 깨끗이 청소했고, 하나님과 다른 사람들과의 관계를 올바로 회복했습니다. 그 애는 이렇게 말했습니다. "아빠, 제가 아빠한테 처음 말을 꺼냈을 때, 몹시 화를 내실 줄 알았어요. 호되게 벌하실 거라고 생각했어요. 그런데 그렇게 하시지 않았어요. 그리고 아빠한테 두 번째 말씀드릴 때에도 그렇게 하시지 않았어요. 그후 세 번째, 네 번째, 다섯 번째, 이렇게 계속해서 말할 때도요. 저는 마침내 깨달았어요. 아빠한테 모든 것을 낱낱이 말할 수 있다는 사실을요!"

저는 그때 사람들의 형편을 살피는 일에 부지런해야 한다는 귀한 교훈을 배웠습니다. 지금 와서 생각해 보면, 그 당시 그 애가 자신의 잘못을 제게 고백했을 때, 저는 너무 마음이 어렵고 힘들고 너무 충격을 받아서 그 이상 어떤 것을 더 할 수가 없었습니다. 그래서 다만 귀 기울여 듣고 함께 기도할 뿐이었습니다. 아들을 통해 주님께서는 그 교훈을 제게 가르쳐 주셨는데, 그건 순전히 주님의 자비였습니다!

영적 부모 된 여러분, 여러분의 제자는 어떻습니까? 언제든지 우리에게 와서 그들이 필요한 도움을 우리에게서 얻을 수 있습니까? 아니면 우리가 너무 어렵게 느껴져 감히 우리에게 와서 마음을 열고 짐을 풀어 놓을 엄두가 나지 않고, 그래서 결국 필요한 도움을 얻지 못하는 것은 아닙니까?

우리가 부지런해야 할 세 번째 영역은 '기도'입니다. 기도는 우리가 할 수 있는 가장 중요한 것입니다. 오늘 이 시간에는 이 주제에 대해서는 다루지 않겠습니다. 기도와 연관하여 참고할 수 있는 자료와 책이 많이 있으니, 자신에게 맞게 참고하기 바랍니다.

탁월함(Excellence)

마가복음 7:37에서 사람들은 예수님께서 모든 일을 다 잘하셨다고 했습니다. 그것이 '탁월함'입니다.

> 사람들이 심히 놀라 가로되, "그가 다 잘하였도다. 귀머거리도 듣게 하고 벙어리도 말하게 한다" 하니라.

'탁월함'의 정의 중 하나를 보면, '기술, 자질, 공로, 업적 등에서 남보다 두드러지게 뛰어남'이라고 되어 있습니다. 하지만 제가 좋아하는 정의는 '끊임없이 개선하려는 열망'입니다.

우리의 목표가 만일 성공하는 것이라면, 일단 작은 성공을 거두면, 편히 쉬며 승리의 월계관을 의지하기 시작할 것입니다. 그러나 목표가 탁월한 것이라면, 그 다음 아무리 많은 성공이나 실패를 경험하더라도 계속 끊임없이 개선하려고 시도하게 됩니다. 골로새서 3:23-25에서 이렇게 말씀합니다.

> 무슨 일을 하든지 마음을 다하여 주께 하듯 하고 사람에게 하듯 하지 말라. 이는 유업의 상을 주께 받을 줄 앎이니 너희는 주 그리스도를 섬기느니라. 불의를 행하는 자는 불의의 보응을 받으리니, 주는 외모로 사람을 취하심이 없느니라.

25절을 다른 번역본으로 읽어 봅시다.

> 그러니 만일 여러분이 주님을 위해 최선을 다하지 않으면 주님께서는 여러분이 좋아하지 않는 방법으로 보응하실 것입니다. 주님께서는 특별히 편애하는 사람이 아무도 없기 때문입니다. (리빙바이블)

때로 리더들이 특별히 어떤 사람을 편애한다고 생각한 적이 있습니까? 만일 그렇다면, 그 문제로 괴로워하지 마십시오. 하나님께서는 특별히 편애하는 사람이 아무도 없으십니다. 우리는 하나님 앞에서 모두 똑같은 사람입니다. 하나님께서는 사람을 외모로 취하지 않으십니다. 지위, 빈부 등에 따라 차별대우하시지 않고, 모든 사람을 그와 상관없이 공평하게 대하십니다. 25절에서 말씀하고 있는 바가 바로 그것입니다. 하나님께서 특별히 편애하는 사람이 없기에, 적당히 꾀부리고 게으름을 피우고도 교묘히 벗어날 수 있는 사람이 없습니다.

하지만 자신에게 완전을 기대하지는 마십시오. 하나님께서는 우리가 완전하기를 기대하시지 않습니다. 단지 최선을 다하려고 애쓰기를 원하십니다. 그것은 완전이 아닙니다.

우리는 어디에서 탁월함을 추구해야 합니까? 때로 너무 많은 영역에서 탁월하기를 시도하다가, 결국에는 아주 혼란스러워집니다. 두 가지 영역을 제시하고자 합니다. 각 영역에서 한 가지를 선택할 수도 있습니다.

무엇보다도 먼저, 자신의 강점에서 탁월하기를 추구하십시오. 자신에게 물어 보십시오. '하나님께서 내게 무엇을 복으로 주셨는가? 나의 은사는 무엇인가? 나의 강점은 무엇인가? 그중 무엇에서 탁월함을 추구해야 하는가?'

다니엘은 지혜의 은사가 있었습니다. 그러나 그가 지혜를 얻기 위하여 어떻게 했는지 생각해 보십시오. 그는 하나님께 간절히 기도하며 구하였습니다(다니엘 2:18, 9:3 참조). 그가 지혜에서 탁월하게 된 까닭은 그 영역에서 더욱더 발전하고 개선하려고 힘썼기 때문입니다.

빌리 그래함이 런던에서 전도집회를 갖고 있을 때의 일입니다. 우리 부부는 몇 형제 자매들과 함께 한 식당에 갔습니다. 한 형제의 생일을 축하해 주려고 한 것입니다. 그 형제의 아내와 딸과 사위도 함께하였습니다. 그 형제는 빌리 그래함이 와서 함께해 주기를 바라고 있었는데, 정말로 빌리 그래함은 그 바쁜 중에도 함께하여 생일을 축하해 주었습니다.

식사가 끝나갈 무렵 이미 시계는 밤 11시가 넘어 12시를 향해 가고 있었는데, 그때 빌리 그래함이 말했습니다. "죄송합니다만 먼저 일어나야겠습니다. 12시부터 2시까지가 다음날 전할 전도 메시지를 준비하기에 가장 좋은 시간이거든요. 지금까지 늘 그렇게 해왔습니다. 이렇게 하면 아침에 일어났을 때 마음이 가벼워 사람들의 요구에 무엇이든 기쁘게 응할 수 있답니다." 그러고 나서 자기의 일정을 나누었습니다.

그 말을 듣고 저는 속으로 놀라며 생각했습니다. "그렇다면 전도집회 기간 내내 매일 밤마다 12시에서 2시까지 메시지를 다시 점검하고 살피는 수고를 하셨단 말인가? 아무에게도 방해를 받지 않으면서…."

빌리 그래함은 하나님으로부터 받은 부르심과 은사에서 탁월하기를 힘쓰고 있었습니다. 전도집회 내내 그는 말씀을 전할 뿐만 아니라, 각 부문별 진행 상황을 확인하고, 아주 민감한 사안들을 처리하였습니다.

자신의 은사, 자신의 부르심, 자신의 강점에서 탁월하십시오.

우리가 탁월함을 추구해야 할 영역이 또 하나 있습니다. 다니엘 6:3에서는 다니엘에 대하여 이렇게 말씀합니다.

> 다니엘은 마음이 민첩하여 총리들과 방백들 위에 뛰어나므로 왕이 그를 세워 전국을 다스리게 하고자 한지라.

다니엘은 뛰어난 은사를 가지고 있었을 뿐 아니라, '마음이 민첩한'(5:12 참조) 사람이었습니다. '마음이 민첩하여'라는 것은 문자적으로 '영이 탁월하고'란 뜻으로 곧 다니엘의 탁월한 성품을 강조하는 말입니다. 이 모든 것이 하나님으로부터 온 것이었습니다.

따라서 우리가 탁월하기를 힘써야 할 것 한 가지는 바로 '성품'입니다. 자신의 성품 중에서 다음 몇 달 동안에 탁월한 수준에 다다르기 위하여 힘써야 할 것을 한 가지만 든다면 무엇입니까?

이른 바 뛰어난 은사와 재능을 가지고 있는 사람들 중에 다른 사람들과 팀으로 일하는 것을 어려워하는 이들을 종종 만났습니다. 이유인즉 그들이 주님보다 자신의 은사와 재능을 의지하기 때문입니다. 그들은 자신의 은사와 재능을 자신의 영적 힘으로 잘못 생각한 것입니다.

우리는 성품의 영역에서 탁월하기 위해 힘써야 합니다. 이것은 그저 남의 이야기라 생각하고 넘어가서는 안 됩니다. 바로 우리의 이야기일 수도 있습니다. 특히 제자삼는 사역을 하고 있는 우리는 선교지에서 사람들과 밀접한 관계 가운데 함께 살고 함께 사역을 하고 있기 때문입니다. 우리는 단순히 설교하고 가르치기만 하면 되는 것이 아니기에 자신의 은사 뒤에 숨어 있을 수가 없습니다. 제가 목격하는 가장 슬픈 일이 무엇인 줄 아십니까? 자신의 은사와 강점을 지나치게 의지하는 사람들입니다. 그들은 뛰어난 은사도 있고 강점도 많습니다. 사역도 잘합니다. 열매도 풍성합니다. 그러나 머지않아 그들은 사역을 그만두게 됩니다. 주님보다 자신의 은사와 강점을 의지했기 때문입니다. 사도 바울이 고린도전서 9:27에서 경계하고 있는 바가 바로 그것일 것입니다. "내가 내 몸을 쳐 복종하게 함은 내가 남에게 전파한 후에 자기가 도리어 버림이 될까 두려워함이로라." 자신은 정작 그렇게 살고 있지 않으면서 남들한테는 그렇게 살라고 권하고 가르치는 사람들이 있습니다. 우리 자신은 어떻습니까?

그러므로 사역적 강점과 경건한 성품, 우리가 탁월하기를 추구해야 할 두 가지 영역이 바로 이것입니다. 하나는 자신의 은사와 부르심과 강점에서 탁월하기를 힘쓰는 것입니다. 또 하나는 경건한 성품의 영역에서 탁월하기를 힘쓰는 것입니다. 경건이란 다른 말로 하면 그리스도를 닮아 가는 것입니다. 그리스도의 성품을 닮아 가는 것입니다. 자신의 강점과 성품, 두 가지 모두에서 탁월하기를 부지런히 힘쓰십시오.

사랑(Love)

앞에서 사랑에 관하여 말씀드린 적이 있습니다. 따라서 여기서는 사랑의 한 면인 충성심에만 초점을 맞추어 이야기 하겠습니다.

고린도전서 13:7은 이렇게 말씀합니다.

> 모든 것을 참으며, 모든 것을 믿으며, 모든 것을 바라며, 모든 것을 견디느니라.

다른 번역본으로 한번 읽어 봅시다.

> 여러분이 누군가를 사랑한다면 여러분은 어떤 값을 치를지라도 그에게 충성할 것입니다. 여러분은 항상 그를 믿을 것이요, 항상 그의 최선을 기대할 것이요, 항상 그를 방어하는 입장에 설 것입니다. (리빙바이블)

우리에게는 서로에 대한 충성심으로 나타나는 이 사랑이 얼마나 필요한지 모릅니다! 남의 흠만 찾고 서로 비판하는 사람이 되지 마십시오. 서로 보호하고 지켜 주는 사람이 되십시오. 서로 확신을 세워 주는 사람이 되십시오. 서로에게 충성스러운 사람이 되십시오.

거기에는 어려움이 많다는 것을 잘 알고 있습니다. 함께 일하는 데는 으레 어려움이 따르게 마련입니다. 우리는 인간이기 때문입니다. 그것은 결혼 생활에서도 마찬가지입니다. 우리 부부 역시 다를 바가 없습니다.

아내는 결혼하기 전에 배운 교훈이 있었습니다. 아내는 미혼 여성들을 대상으로 전도하고 양육하고 제자로 세워 주는 일을 하면서 이런저런 어려움을 겪었고 마침내 깨달았습니다. 일이 의도와는 다른 방향으로 전개되고 악화되고 있을 때 자신이 할 수 있는 일이 오직 한 가지밖에 없다는 사실을 깨달은 것입니다. 곧 그들을 사랑하는 것이었습니다. 그래서 이렇게 결심했습니다. "나는 그들과 씨름하되 오직 사랑으로 씨름하겠다. 죽기까지 그들을 사랑하겠다" 하고 말입니다. 나중에 알게 된 것은, 사랑이 모든 장벽을 녹아내리게 하고 모든 장애물을 극복하게 한다는 사실이었습니다.

이 교훈은 우리의 결혼 생활에도 적용되었습니다. 부부 싸움을 할 때면 아내는 사랑으로 싸우곤 했습니다. 그래서 우리는 부부 싸움을 하긴 하되, 오래 지속되는 법이 없었습니다. 이는 저와 제 기질 때문이 아니라, 아내가 사랑으로 싸우는 교훈을 배웠기 때문입니다. 그 결과 아내는 대부분 어떤 식으로든 자신이 원하는 바를 얻었습니다.

온전함(Integrity)

온전함에 해당하는 헬라어의 의미는 '경건한 성실함' 또는 '하나님의 순결함'입니다. (역주: 한글성경에는 주로 '온전함'이라 되어 있으며, 그밖에 완전, 성실, 정직, 순전, 충성, 바름 등으로도 되어 있음.) 어떤 것을 햇빛에 드러내 놓아도 아무 점도 흠도 찾을 수 없을 때 쓰는 말입니다. 투명하기 때문에 햇빛이 그대로 통과합니다. 바로 마태복음 5:8에서 말씀하고 있는 바와 같은 개념입니다.

> 마음이 청결한 자는 복이 있나니 저희가 하나님을 볼 것임이요.

온전함은 마음의 투명함과 정직함을 내포하고 있습니다. 감추어져 있는 게 아무것도 없는 상태입니다. 더러운 게 하나도 없는 상태입니다. 우리의 삶, 우리의 말, 우리의 목적과 의도 속에 이 온전함이 있어야만 합니다.

한번은 한 형제를 도와주려고 무던히도 애썼습니다. 자꾸만 육신의 정욕이 그를 괴롭히고 있었습니다. 그렇다고 무슨 부도덕한 말이나 행동을 한 적은 전혀 없었습니다. 남들 보기에는 아주 훌륭한 사람이었습니다. 그런데 아무도 몰랐지만 자신은 알고 있었습니다. 다행히도 위험성을 깨달은 그는 제게 도움을 청했고, 그래서 제가 상담을 하게 된 것입니다.

그와 이야기를 하면서 알게 된 점은, 그는 제게 진실 전체를 말하지 않고 있다는 것이었습니다. 그는 일부만 이야기했습니다. 그것도 자기 나름대로 색깔을 입혔고, 그래서 진실을 왜곡하고 숨기고 있었습니다. 저는 그에게 이렇게 말해 주었습니다. "형제여, 당신의 말을 내가 신뢰할 수 없다면, 우리는 함께 동역할 수가 없고, 또 진정으로 당신을 도울 수 없습니다. 당신이 진실을 말해 주어야 당신을 도울 수 있습니다."

그 문제가 해결되고 나서야 비로소 그를 진정으로 도울 수 있었습니다. 그리고 그를 능히 도울 수 있는 분은 제가 아니라 하나님이셨습니다. 왜냐하면 그 속이는 태도가 승리를 얻지 못하게 가로막았기 때문입니다.

우리의 동료들은 우리의 말을 신뢰할 수 있습니까? 우리가 함께하는 사람들은 우리의 말을 신뢰할 수 있습니까? 절대로 마음을 바꾸거나 말을 바꿀 수 없다는 것이 아닙니다. 새로운 사실을 알게 되거나 상황이 달라지면 얼마든지 마음을 바꾸거나 그에 따라 말을 바꿀 수도 있습니다. 그러나 중요한 점은, '그들이 우리의 온전함을 신뢰할 수 있는가?' 하는 것입니다. 우리가 서로를 신뢰할 수 있다면, 팀으로서 함께 동역할 때 아무것도 하나님께서 하실 일을 중단시키지 못할 것입니다. 그러나 서로를 신뢰할 수 없다면, 그것은 그야말로 나쁜 소식입니다.

희생(Sacrifice)

희생이란 '개인적으로 선호하는 바를 기꺼이 포기하는 것' 입니다. 희생은 포기입니다.

우리 부부가 유럽 사역의 책임을 맡아 일하고 있을 때입니다. 맏이인 켄트가 그때 두 살이었습니다. 이른바 '무서운' 두 살이었습니다. 아침이면 켄트의 'no'라는 말에 잠이 깨곤 했습니다. 아침부터 켄트는 'no'라는 말을 해대기 시작했는데, 아주 다양했습니다. 아주 일반적인 'No'로부터 시작하여 'Nooo.··· No? No!' 등 'no'의 종류가 너무도 많았습니다. 한 천 가지쯤은 되는 듯 했습니다.

한번은 여행 중에 한 모텔에 머물렀습니다. 아침식사를 하러 식당에 갔습니다. 종업원이 와서 뭐 먹겠느냐고 물었을 때, 켄트는 기다렸다는 듯이 천 가지는 족히 되는 다양한

'no'를 말하기 시작했고, 식당에 있던 사람들이 그 모습을 보고는 배를 움켜잡고 웃었습니다. 이를 보고 바로 깨달은 게 있었습니다. '음, 이걸 그대로 두어서는 안 되겠다. 바로잡아 주어야겠다'라는 것이었습니다.

얼마 후 저는 켄트의 기저귀를 갈아 주고 있었습니다. 켄트에게 말했습니다. "켄트, 아빠가 기저귀 갈아 줄게."

"No!"

"'OK 아빠'라고 하라고 했지."

"Noo!"

우리는 고집 피우며 말을 듣지 않을 때는 회초리를 대곤 했는데, 저는 회초리를 엉덩이에 찰싹 하고 갖다 댔습니다.

"자, 'OK 아빠'라고 해"

"No."

두 번째로 찰싹 하고 댔습니다. "자, 'OK 아빠'라고 해"

세 번째, 네 번째, 다섯 번째, 여섯 번째, 일곱 번째, 여덟 번째, 아홉 번째로 갖다 댈 때쯤에야 켄트가 말했습니다. "오. 오."

그리고 열 번째 갖다 대자, 마침내 말했습니다. "O… K…"

그게 17년 전이었고, 그는 지금도 "OK 아빠"라고 합니다.

초창기에 제가 유럽에 있을 때에 간사 중 한 사람이 제게 말했습니다. "제가 보기에, 당신은 사역을 위해서라면 기꺼이 목숨을 바칠 사람 같습니다."

저는 그 말을 듣고 이런 생각을 했습니다. '예, 저는 그렇습니다. 그거 얼마나 좋은 일입니까? 나는 사역을 위해서라면 기꺼이 목숨을 바칠 겁니다."

그러나 세월이 지나서 돌이켜보니 저는 그 형제를 위하여 기꺼이 목숨을 바치지 않았다는 것을 깨달았습니다. 사역을 위하여 기꺼이 목숨을 바친다고요? 예. 그러나 저의 동역자들 중 하나를 위하여 기꺼이 목숨을 바친다고요? 아니요.

그것이 우리의 문제입니다. 아시다시피 희생이란 포기입니다. 기꺼이 자신의 뜻을 버리고 다른 누군가의 뜻에 "OK"라고 말하는 것입니다. 뿐만 아니라 기꺼이 다른 이를 위하여 나 자신을 드리는 것입니다.

'FIDELIS'를 기억하십시오. **믿음**(Faith), **주도권**(Initiative), **부지런함**(Diligence), **탁월함**(Excellence), **사랑**(Love), **온전함**(Integrity), **희생**(Sacrifice)입니다.

우리의 사역에서 이 일곱 가지를 실천해 봅시다. 그러면 우리 세대에 하나님의 놀라운 역사를 보게 될 것입니다.

묵상 및 적용

1. 팀웍 안에 다양성과 차이점이 존재할 때에 일어날 수 있는 긴장과 갈등은 무엇입니까? 그것을 어떻게 해결할

수 있습니까?

2. 긴장과 갈등을 해결하는 방법으로 '하나로 연합된 높은 수준의 팀웍'(155쪽)을 제시합니다. 이것을 어떻게 적용할 수 있습니까?

3. 하나님의 사역을 성취하기 위하여 'FIDELIS'의 일곱 가지를 적용할 수 있는 방법은 무엇입니까?

하나님의 사람의 특징

2018년 3월 20일 초판 1쇄 발행

펴낸곳: 네비게이토 출판사 ⓒ
주소: 03784 서울시 서대문구 연희로 16 (창천동)
전화: 334-3305(대표), 334-3037(주문), FAX: 334-3119
홈페이지: http://navpress.co.kr
출판등록: 제10-111호(1973년 3월 12일)
ISBN 978-89-375-0546-1   03230

본 출판사의 서면 허락 없이는 본서의 전부
또는 일부의 무단 복제 및 무단 번역을 금합니다.